Mathematik

P. Smith & B. Owen

Brüche entdecken

Erkennen, umwandeln & berechnen

Spielerisch lernen

Farbiges Legematerial

www.kohlverlag.de

Brüche entdecken

2. Auflage 2024

Inhalt: Peter Smith & Brenda Owen
Umschlagbild: © moonrun - AdobeStock.com
Cliparts: © clipart.com
Redaktion: Kohl-Verlag
Grafik & Satz: Kohl-Verlag
Druck: Druckerei Flock, Köln

Bildnachweise: Seite 5: © NYGraphic - AdobeStock.com; Seite 9: © binik - AdobeStock.com

Bestell-Nr. 15 036

ISBN: 978-3-96040-442-2

Inhalt

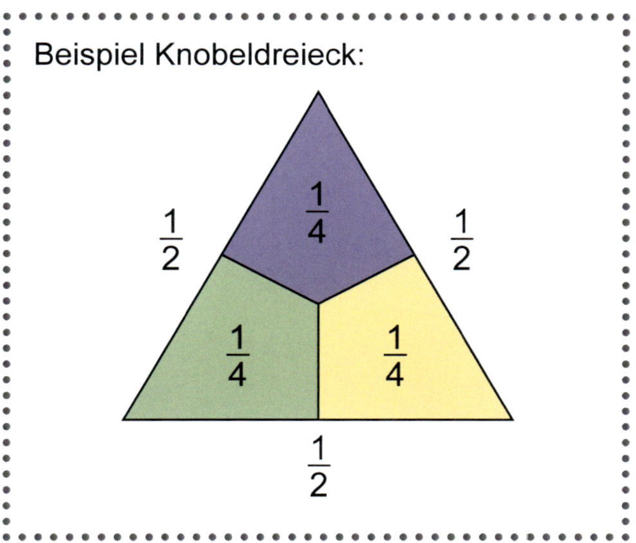

Tipp: Es müssen immer zwei nebeneinander liegende Brüche addiert werden. Das Ergebnis steht an der dazugehörigen Außenseite des Dreiecks.

Brüche entdecken - Bestell-Nr. 15036

Vorwort und didaktische Überlegungen

Das Ziel des Mathematikunterrichts ist der systematische, alters- und entwicklungsgemäße Erwerb grundlegender mathematischer Kompetenzen. Nur wenn die Kinder dieses Wissen und Können als Basis beherrschen und jederzeit abrufen können, kann neu zu vermittelndes Wissen daran angeknüpft werden.

Unsere Aufgabe als Lehrkräfte ist laut der neuen Fachanforderungen Mathematik, Kinder durch didaktisch und methodisch gezielt aufbereitetes Material so zu aktivieren, dass sie möglichst eigenständig und selbstgesteuert lernen. Gerade die Freude über eigenständige Lernwege und gemeinsame Entdeckungen führen zu andauerndem Wissen und Können.

Zum Umgang mit dem vorliegenden Material

Das hier vorliegende Material zu dem Themenbereich „Brüche" ermöglicht den Kindern einen entdeckenden, kindgerechten Umgang und schafft so die Voraussetzung, dass die Mädchen und Jungen intrinsisch motiviert sind, sich mit den gestellten Aufgaben auseinanderzusetzen. Es besteht aus zehn Bruchkreisen, von denen jeweils alle Teilflächen ausgeschnitten werden. Das Legematerial fordert die Kinder auf, die Aufgaben mit allen Sinnen zu bearbeiten. Sie überlegen sich eine Strategie im Kopf, legen sie, verifizieren sie eventuell und kommen am Ende meist selbstständig oder mithilfe eines Partnerkindes zu der Lösung. Bei Aufgaben, die sich für die Arbeit mit dem Legemateriel anbieten, steht ein Tipp dabei. Zu allen Aufgaben stehen Lösungen im Lösungsteil dieses Heftes zur Verfügung, damit die Schülerinnen und Schüler ihre Ergebnisse vergleichen können.

Das Material eignet sich dazu, an einem Ort im Klassenzimmer zu platzieren, damit die Schüler und Schülerinnen Zugang dazu haben. Wenn man es laminiert, bleibt das Material trotz intensiver Benutzung länger schön.

Das Legematerial kann zusätzlich für jedes Kind kopiert werden, damit es seine eigenen Denkwege visualisieren und ausprobieren kann. Bewährt hat sich, in den Mathehefter des Kindes zuallererst eine Klarsichthülle zu heften, die immer darin bleibt. Dahinein kann das Legematerial gesteckt werden und ist somit jederzeit, zuhause wie auch in der Schule, griffbereit.

Wir wünschen Ihnen und Ihrer Lerngruppe viel Freude mit den Materialien und freuen uns über Rückmeldungen. Ihr Team des Kohl-Verlags und

Peter Smith & Brenda Owen

1 Brüche benennen

Ich teile eine Fläche in gleich große Teilflächen.

Genau, ich kann sie zum Beispiel in **4 gleich große Teile** aufteilen.

Ein Teil davon heißt dann **ein Viertel** oder als Bruch geschrieben $\frac{1}{4}$.

Mit einem Bruch kann ich also einen Anteil an etwas Ganzem darstellen.

Aufgabe 1: *Wieviele Teile sind dunkel? Schreibe dann als Bruch.*

Beispiel: 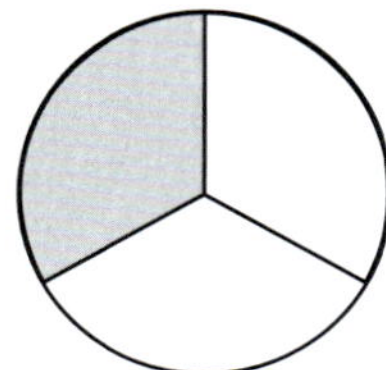 1 von 3 = $\frac{1}{3}$

a) 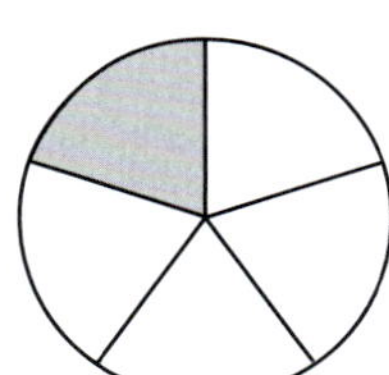 1 von 5 = ☐

b) 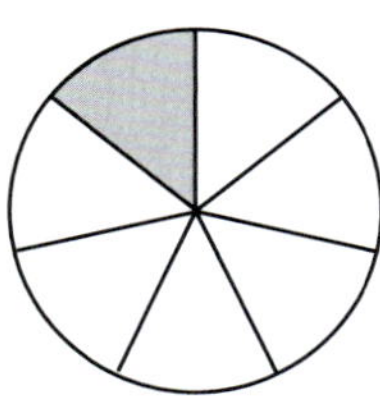 1 von 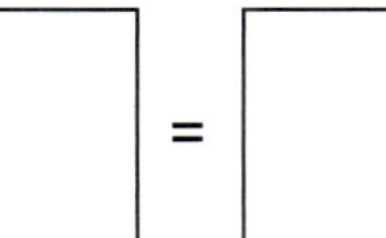

c) 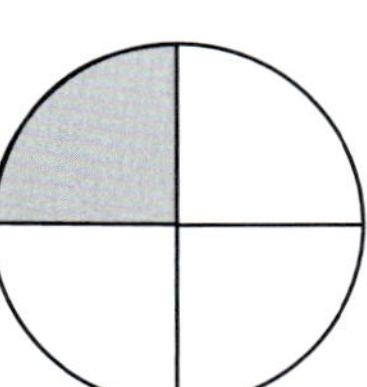 1 von 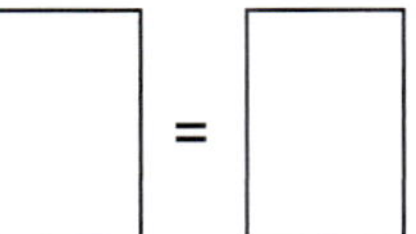

d) 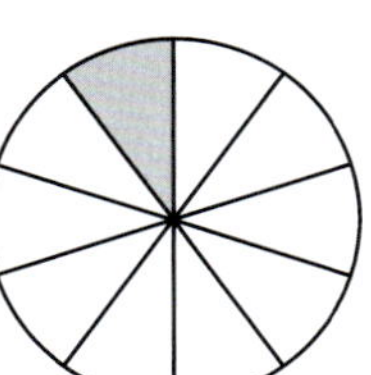 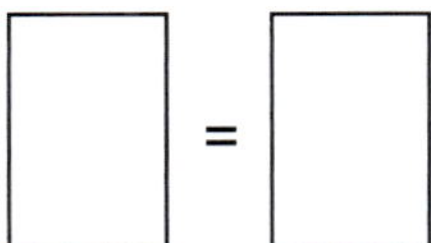

KOHL VERLAG Brüche entdecken - Bestell-Nr. 15036

1 Brüche benennen

Aufgabe 2: *Wie groß ist der Anteil der einzelnen Farben?*

Beispiel:  $= \frac{1}{4}$

a) 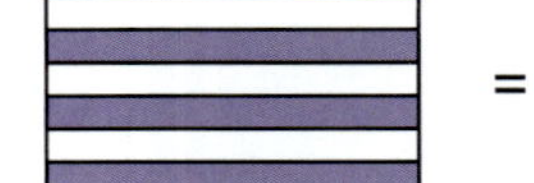 = ____

b) 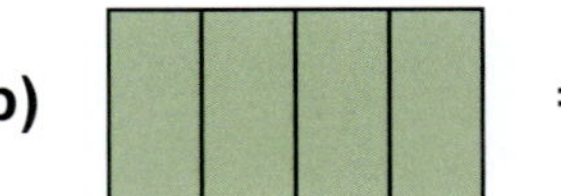 = ____

c)  = ____

d)  = ____

e) 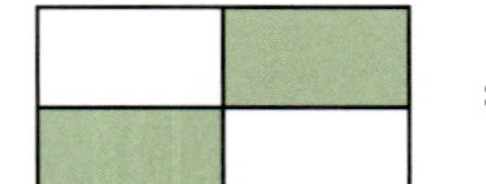 = ____

f)  = ____

g) 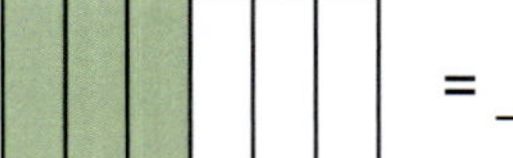 = ____

h) 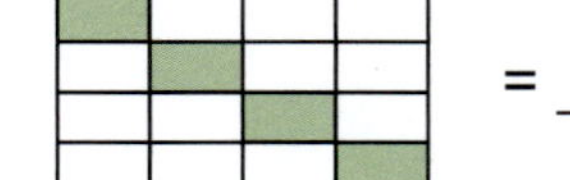 = ____

Knobeldreieck:

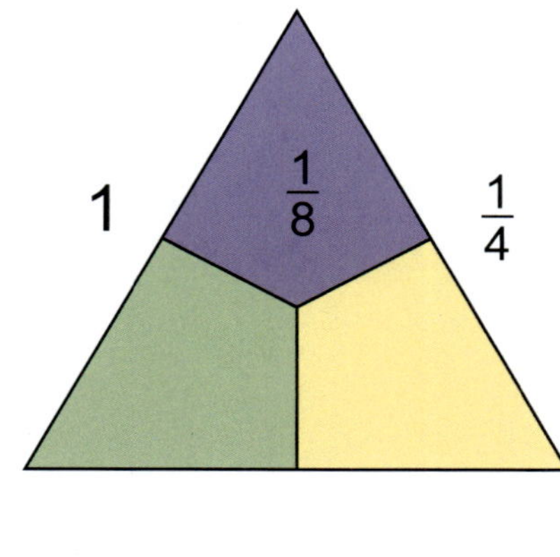

Tipp: Es müssen immer zwei nebeneinander liegende Brüche addiert werden. Das Ergebnis steht an der dazugehörigen Außenseite des Dreiecks.

1 Brüche benennen

Aufgabe 3: *Welche Bruchteile sind grau? Schreibe die Brüche auf.*

Beispiel: 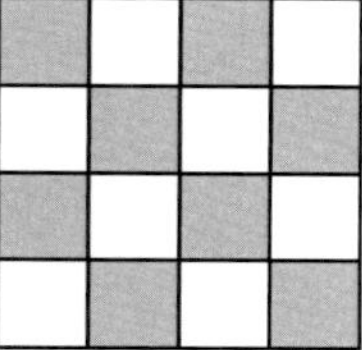 8 von 16 Bruchteilen sind schwarz → $\frac{8}{16}$

a) 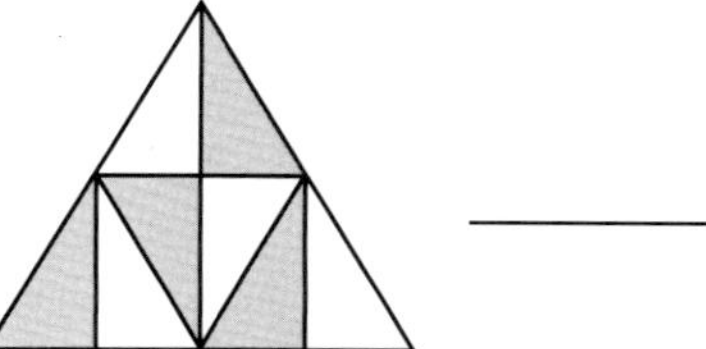 ______

b) 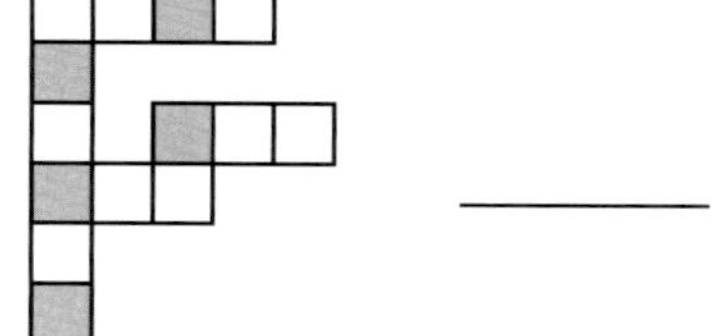 ______

c) 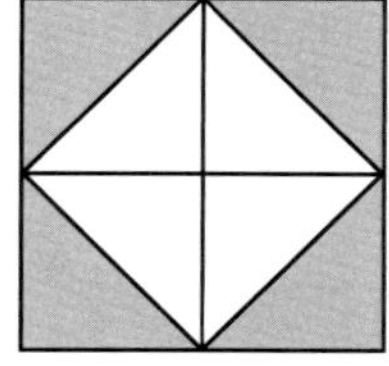 ______

d) 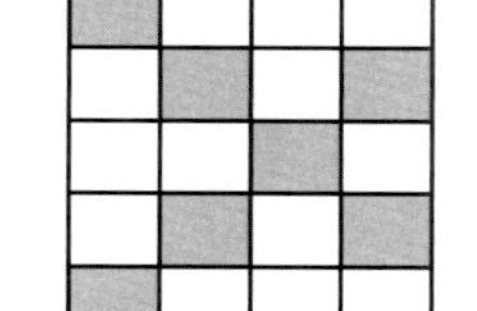 ______

e) 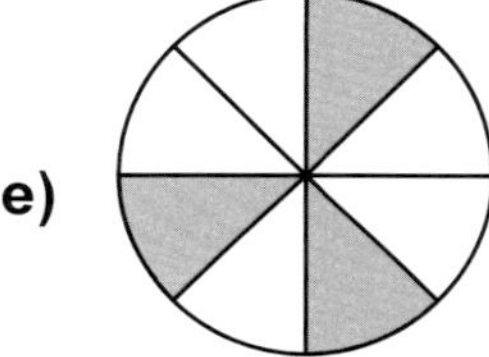 ______

f)  ______

g) 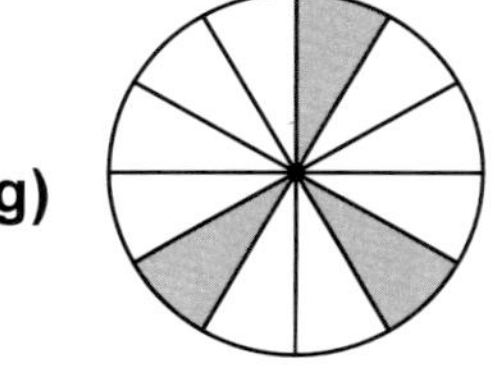 ______

h) 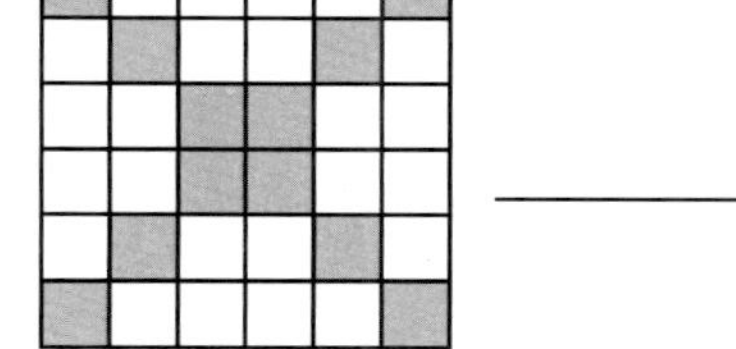 ______

i) 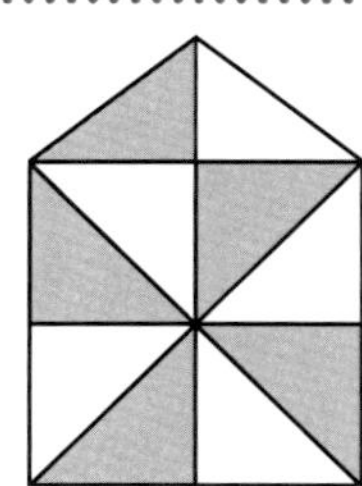 ______

j) 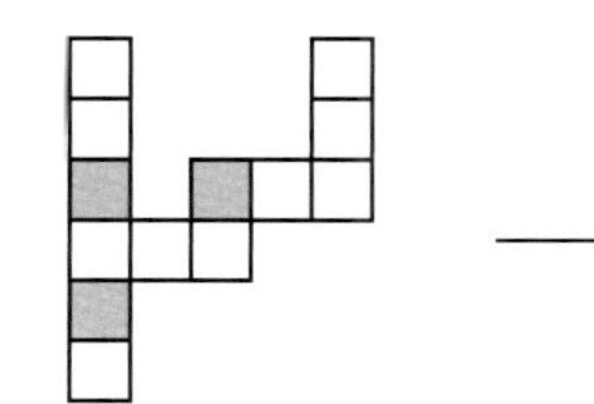 ______

Aufgabe 4: *Male einen Bruchteil an und schreibe dann als Bruch. Finde verschiedene Möglichkeiten.*

Beispiel: 1 von 2 = $\frac{1}{2}$ 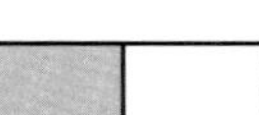

a) 1 von 3 = ___ 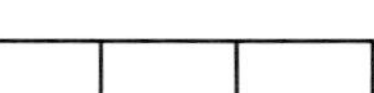

b) 1 von 3 = ___ 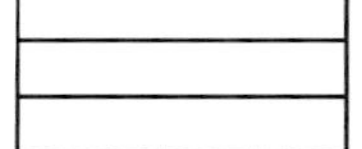

c) 1 von 4 = ___ 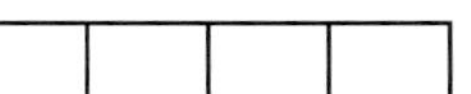

d) 1 von 4 = ___

Aufgabe 5: *Male den Bruchteil an. Schreibe dann als Bruch.*

Beispiel: 1 von 3 = $\frac{1}{3}$ 2 von 3 = $\frac{2}{3}$ 3 von 3 = $\frac{3}{3}$

a) 1 von 4 = _____

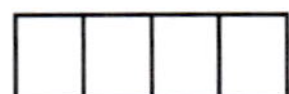

b) 3 von 5 = _____

c) 2 von 7 = _____

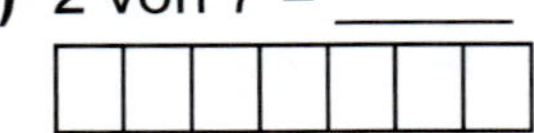

d) 4 von 8 = _____

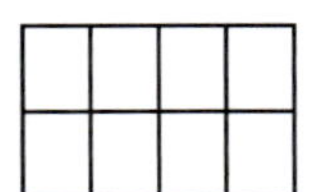

e) 2 von 9 = _____

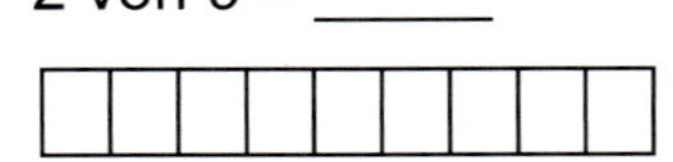

f) 3 von 4 = _____

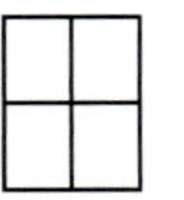

g) 2 von 10 = _____

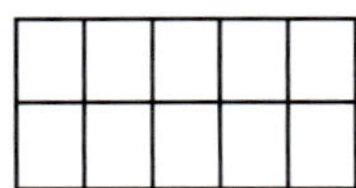

h) 3 von 9 = _____

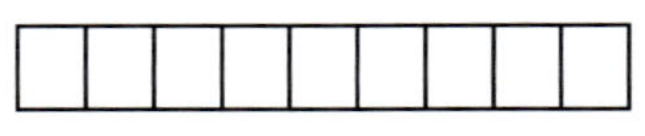

i) 3 von 6 = _____

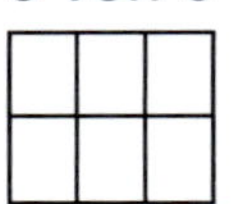

Knobeldreieck:

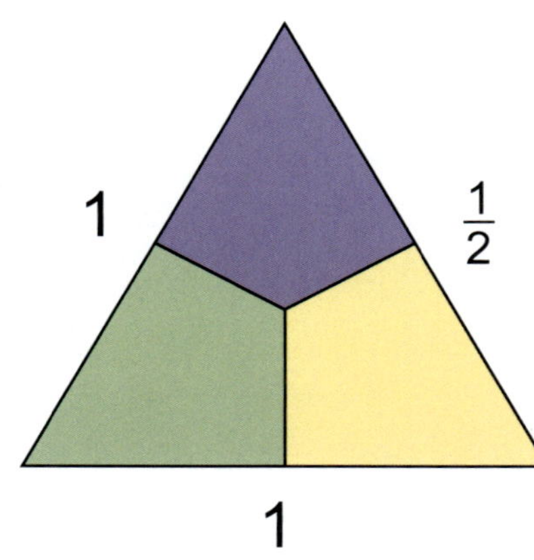

Tipp: Es müssen immer zwei nebeneinander liegende Brüche addiert werden. Das Ergebnis steht an der dazugehörigen Außenseite des Dreiecks.

Brüche entdecken - Bestell-Nr. 15036
KOHL VERLAG

1 Brüche benennen

Aufgabe 6: *Schneide die Puzzleteile aus. Lege dann zusammen, was zusammengehört.*

Beispiel: $\frac{1}{10}$ | ein Zehntel

$\frac{3}{4}$		ein Ganzes
$\frac{1}{2}$		zwei Drittel
$\frac{2}{5}$		ein Halbes
$\frac{2}{3}$		drei Viertel
$\frac{1}{4}$		zwei Fünftel
1		ein Viertel

KOHL VERLAG Brüche entdecken - Bestell-Nr. 15036

2 Was ist gleich?

Aufgabe 1: *Verbinde, was zusammengehört.*

A) 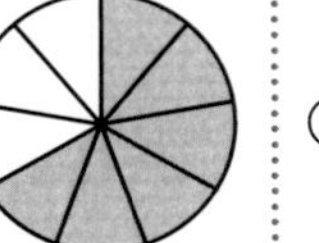 ○	○ 1) $\frac{3}{4}$ ○	○ a) 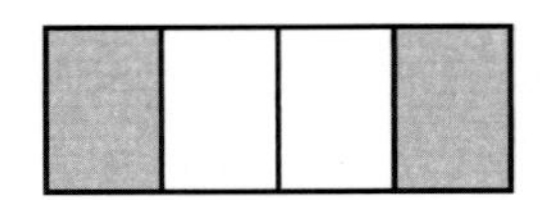
B) 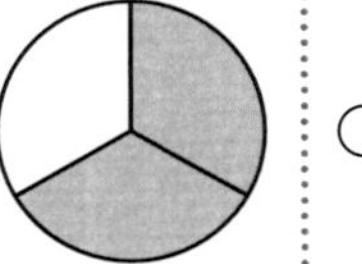 ○	○ 2) $\frac{1}{2}$ ○	○ b) 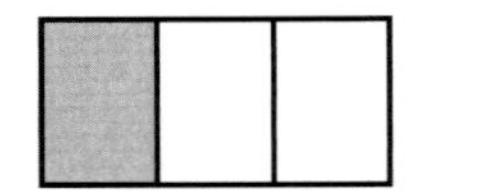
C) 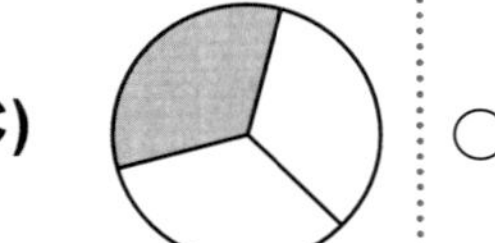 ○	○ 3) $\frac{6}{9}$ ○	○ c) 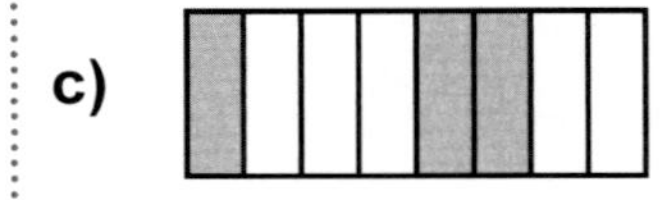
D) 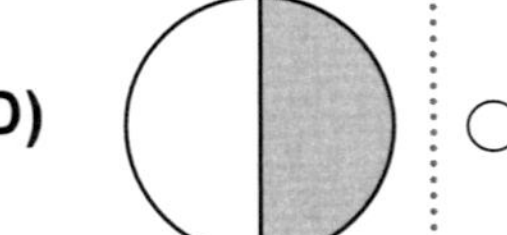 ○	○ 4) 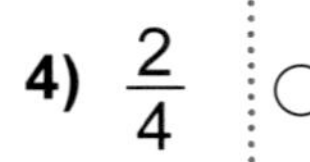 $\frac{2}{4}$ ○	○ d) 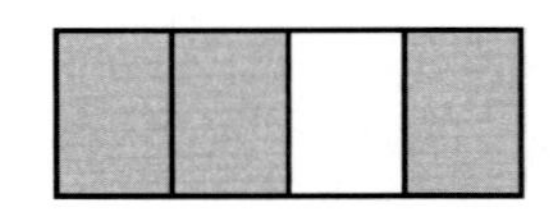
E) 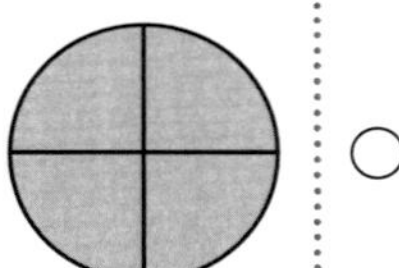 ○	○ 5) $\frac{2}{3}$ ○	○ e) 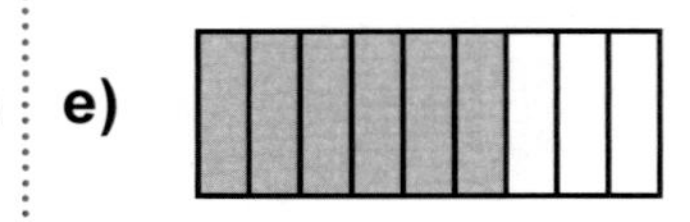
F) 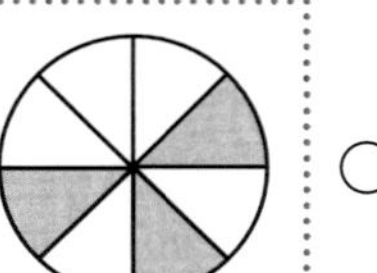 ○	○ 6) 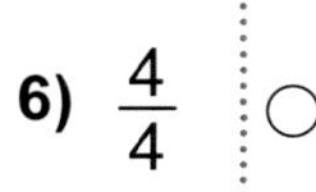 $\frac{4}{4}$ ○	○ f) 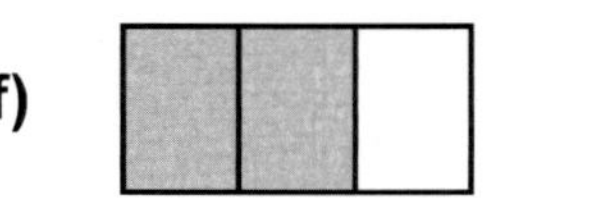
G) 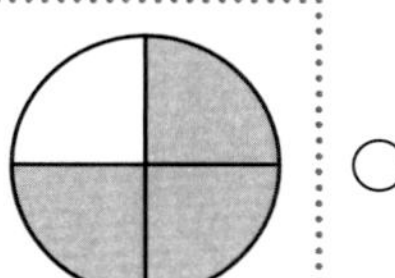 ○	○ 7) $\frac{1}{3}$ ○	○ g) 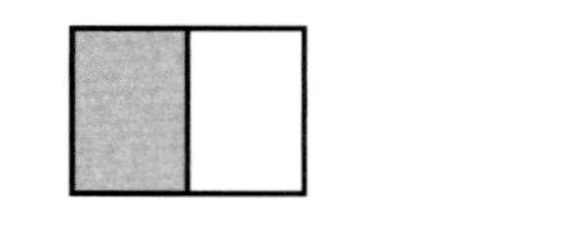
H) 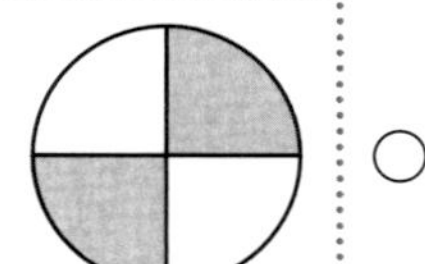 ○	○ 8) 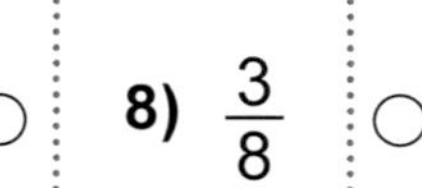 $\frac{3}{8}$ ○	○ h) 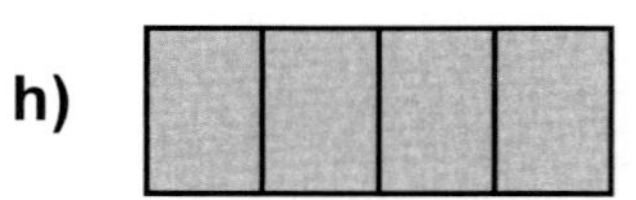

3 Faltübungen

Aufgabe 1: *Falte ein Rechteck so, dass du folgendes siehst:*

a) ein Halbes ($\frac{1}{2}$) vom Rechteck

b) ein Viertel ($\frac{1}{4}$) vom Rechteck

c) ein Achtel ($\frac{1}{8}$) vom Rechteck

Zeichne jedes Ergebnis auf und male eine der Teilflächen beliebig an.

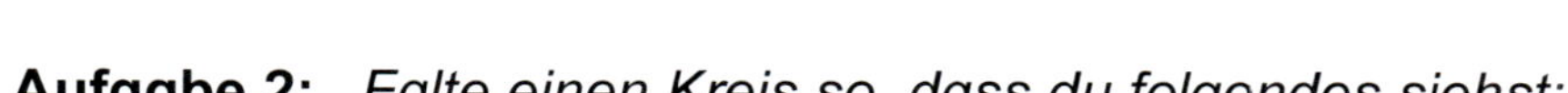

Aufgabe 2: *Falte einen Kreis so, dass du folgendes siehst:*

a) ein Halbes ($\frac{1}{2}$) vom Kreis

b) ein Viertel ($\frac{1}{4}$) vom Kreis

c) ein Achtel ($\frac{1}{8}$) vom Kreis

Zeichne jedes Ergebnis auf und male eine der Teilflächen beliebig an.

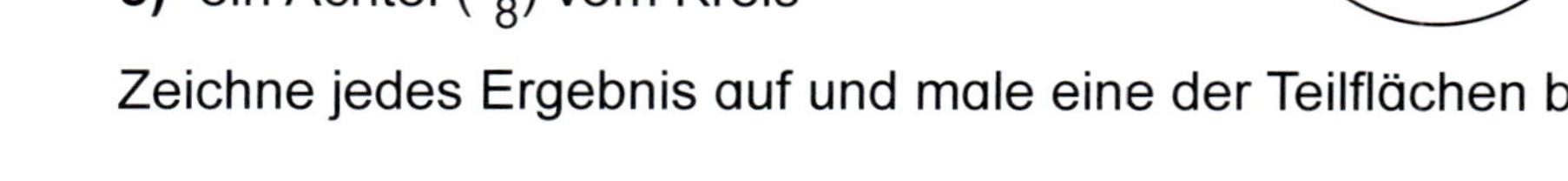

Aufgabe 3: *Falte ein Quadrat so, dass du folgendes siehst:*

a) ein Halbes ($\frac{1}{2}$) vom Quadrat

b) ein Viertel ($\frac{1}{4}$) vom Quadrat

c) ein Achtel ($\frac{1}{8}$) vom Quadrat

Zeichne jedes Ergebnis auf und male eine der Teilflächen beliebig an.

Tipp: Es müssen immer zwei nebeneinander liegende Brüche addiert werden. Das Ergebnis steht an der dazugehörigen Außenseite des Dreiecks.

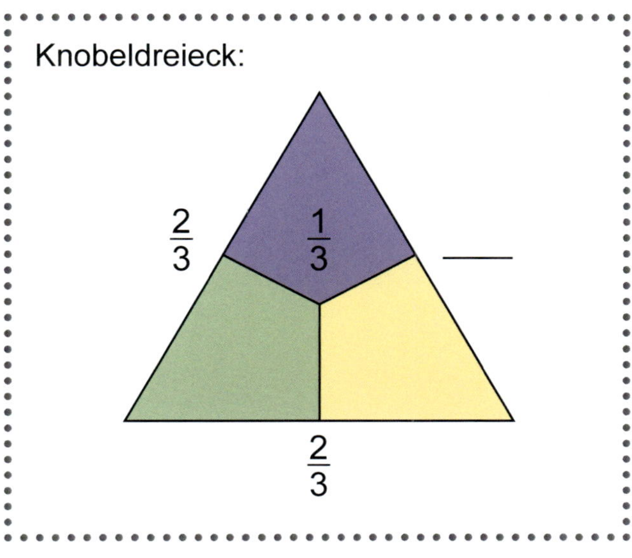

KOHL VERLAG Brüche entdecken - Bestell-Nr. 15036

4 Größer, Kleiner, Gleich: Brüche mit gleichem Nenner

Aufgabe 1: ***a)*** *Schreibe zuerst als Bruch auf. Schreibe in die Kästchen.*

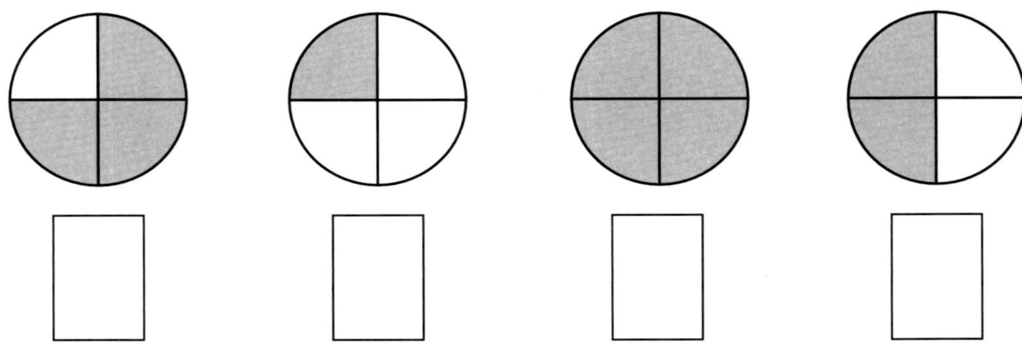

b) *Bringe die Brüche in die richtige Reihenfolge. Beginne mit dem kleinsten.*

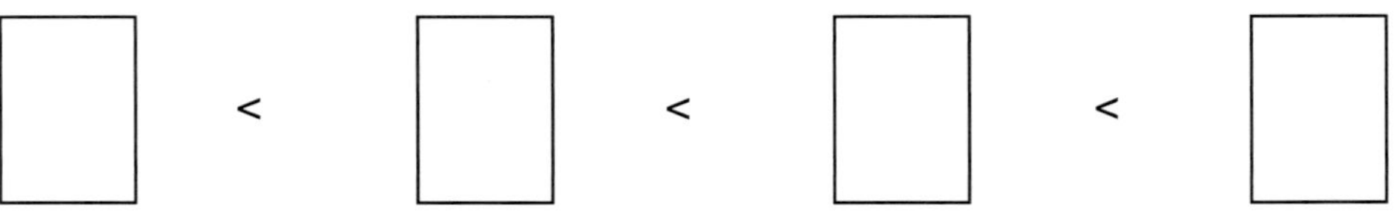

Aufgabe 2: *Schreibe die Brüche auf. Setze >, <, = ein.*

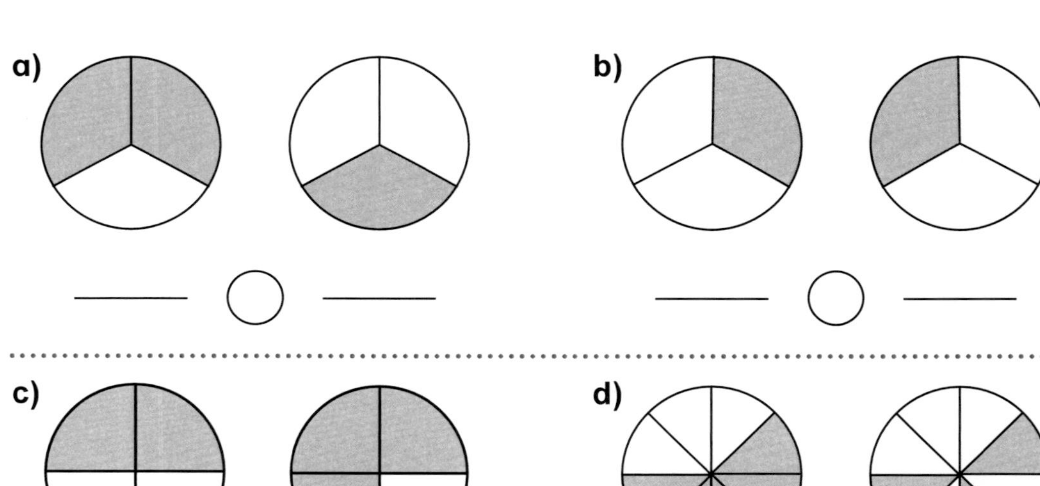

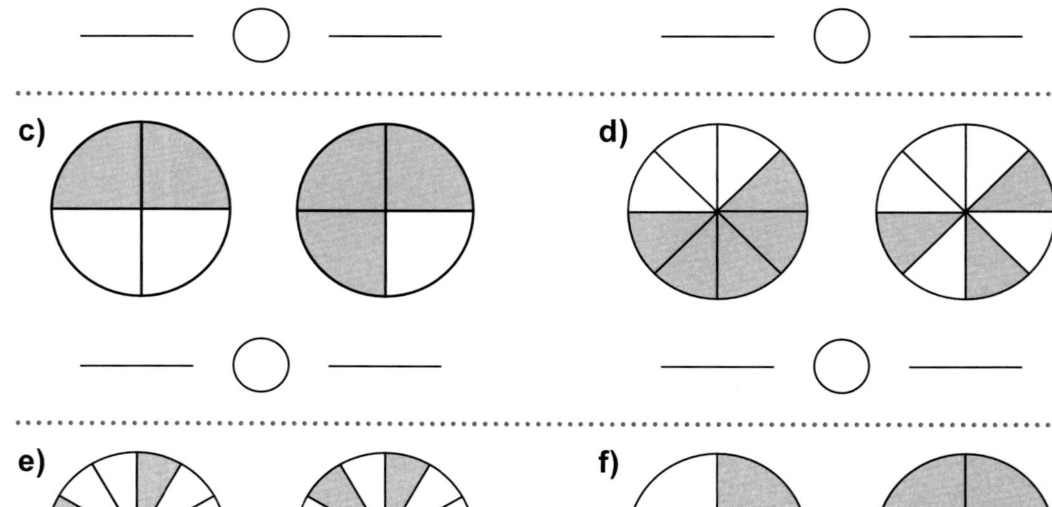

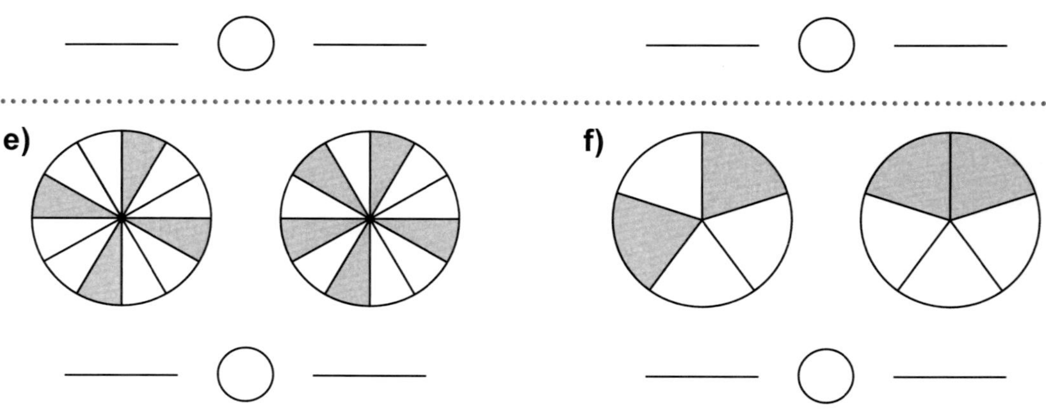

KOHL VERLAG Brüche entdecken - Bestell-Nr. 15036

5 Ordnen: Brüche mit unterschiedlichem Nenner

Tipp:
Benutze bei diesen Aufgaben das Legematerial. Lege zuerst alle Bruchkreise und ordne sie dann der Größe nach. Dann siehst du die Reihenfolge schnell. Du kannst es dir so merken: Welche Fläche ist am kleinsten, welche am größten?

Aufgabe 1: ***a)*** *Schreibe zuerst als Bruch auf. Schreibe in die Kästchen.*

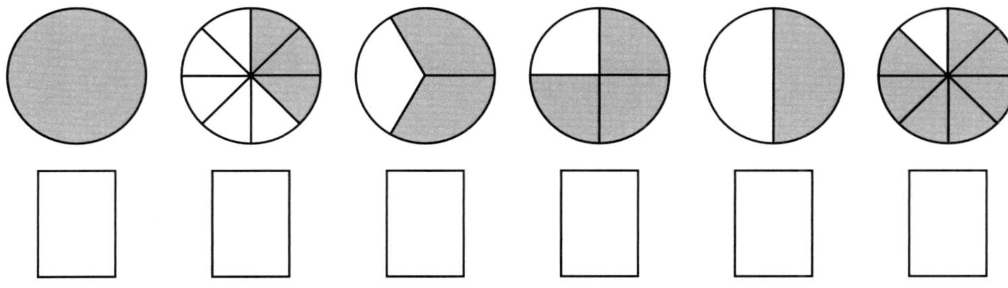

b) *Bringe die Brüche in die richtige Reihenfolge. Beginne mit dem kleinsten.*

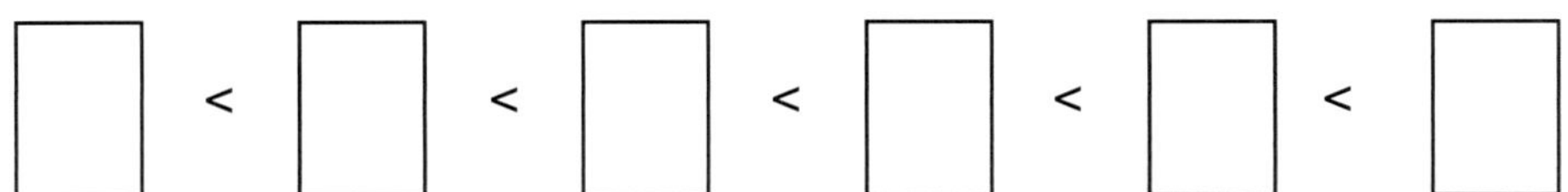

Aufgabe 2: *Ordne der Größe nach. Beginne mit dem kleinsten Bruch.*

a) $\frac{3}{4}$ $\frac{1}{2}$ $\frac{2}{3}$ $\frac{6}{6}$ $\frac{1}{4}$ $\frac{1}{3}$ $\frac{5}{6}$

☐ < ☐ < ☐ < ☐ < ☐ < ☐ < ☐

Wie bist du vorgegangen? Erkläre.

b)

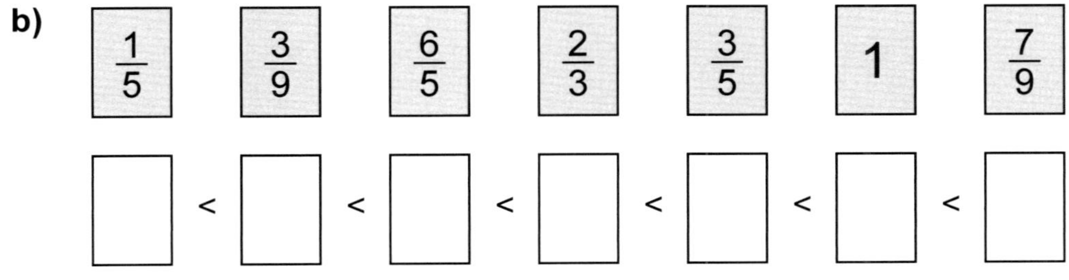

Wie bist du vorgegangen? Erkläre.

6 Auf ein Ganzes ergänzen

Tipp:
Benutze bei diesen Aufgaben das Legematerial. Lege zuerst, was gegeben ist und fülle den Kreis mit weiteren Teilstücken auf, bis der Kreis voll ist. Wie viele Stücke brauchst du? Schon hast du die Lösung!

Aufgabe 1: *Ergänze auf ein Ganzes.*

Beispiel: 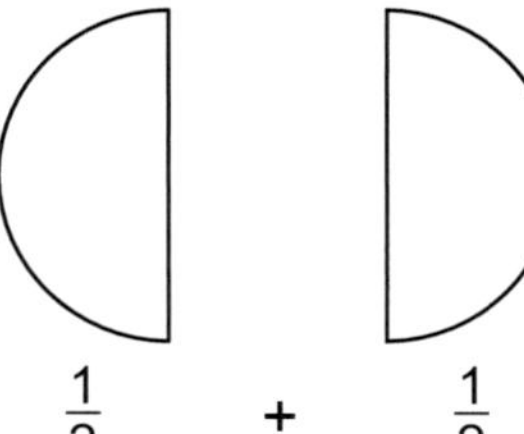 = 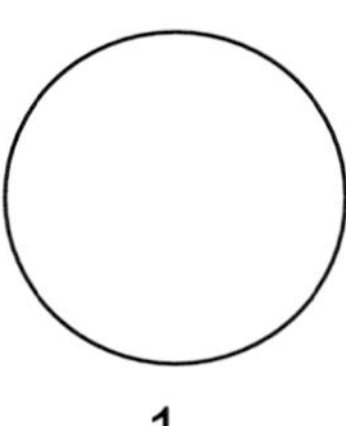

$\frac{1}{2} + \frac{1}{2} = 1$

a) $\frac{2}{4} + \square = 1$ b) $\frac{3}{4} + \square = 1$ c) $\frac{2}{3} + \square = 1$

d) $\frac{1}{4} + \square = 1$ e) $\frac{2}{8} + \square = 1$ f) $\frac{5}{10} + \square = 1$

g) $\frac{1}{3} + \square = 1$ h) $\frac{4}{4} + \square = 1$ i) $\frac{3}{7} + \square = 1$

Aufgabe 2: *Versuche nun, einen Bruchkreis aus mehr als zwei Teilen zu legen. Finde möglichst viele verschiedene Möglichkeiten. Schreibe und zeichne jede Möglichkeit auf.*

Beispiel: $\frac{1}{2} + \frac{1}{4} + \frac{1}{4} = 1$

$\frac{1}{2}$ $\frac{1}{4}$ $\frac{1}{4}$

Aufgabe 3: *Kannst du auch einen Halbkreis legen? Finde möglichst viele verschiedene Möglichkeiten. Schreibe und zeichne jede Möglichkeit auf.*

Beispiel: $\frac{1}{4} + \frac{1}{4} = \frac{1}{2}$

$\frac{1}{4}$ $\frac{1}{4}$

KOHL VERLAG Brüche entdecken - Bestell-Nr. 15036

7 Gemischte Schreibweise

Was ist ein gemischter Bruch?

Ein gemischter Bruch ist die Schreibweise aus einer ganzen Zahl und dem nachfolgenden Bruch.

Beispiel: 7 halbe Kreise ist das gleiche wie 3 ganze Kreise und ein halber:

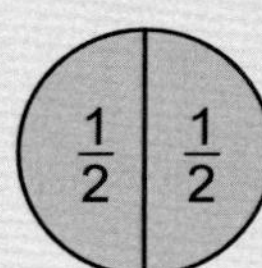

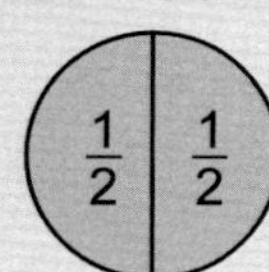

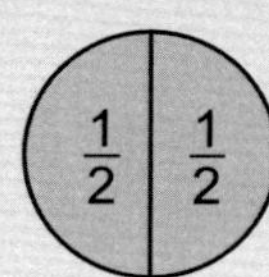

Man kann es als reinen Bruch schreiben: $\frac{7}{2}$

Man kann es aber auch zusammenfassen: $3\frac{1}{2}$

Aufgabe 1: *Betrachte die Bruchkreise und fülle die Tabelle aus.*

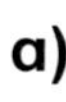

a) 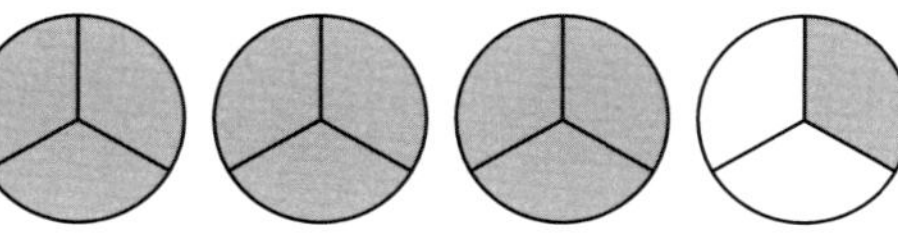

b) 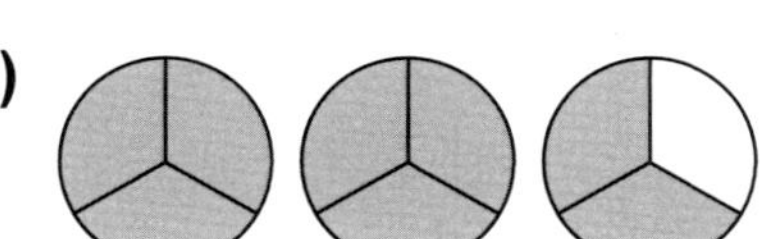

c) 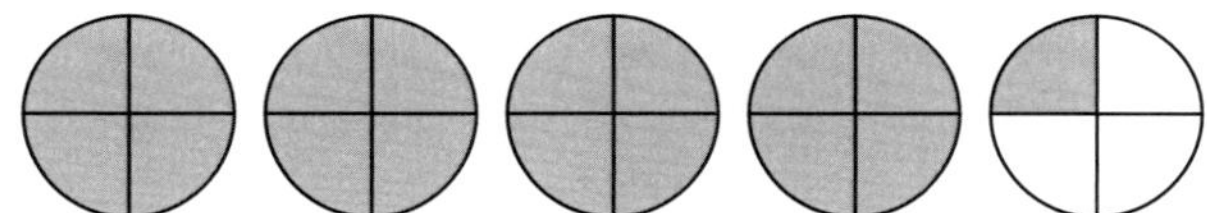

d) 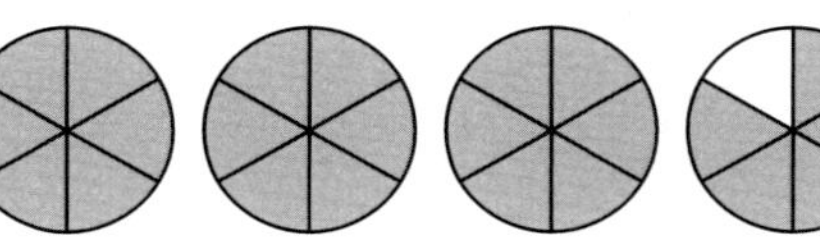

e) 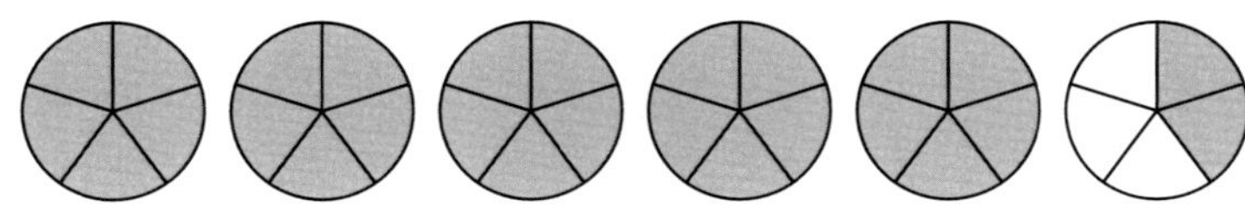

	Bruch	Gemischte Schreibweise
a)	$\frac{10}{3}$	$3\frac{1}{3}$
b)		
c)		
d)		
e)		

Aufgabe 2: *Male zuerst die Bruchkreise an und schreibe dann als gemischten Bruch.*

a) $\frac{11}{4}$ =

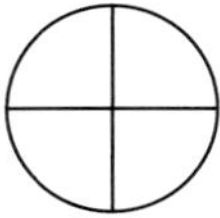 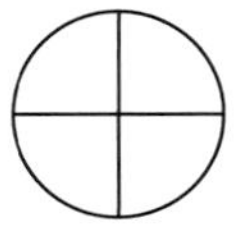 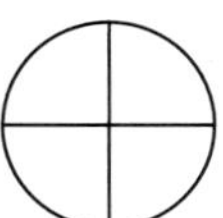

b) $\frac{4}{3}$ =

c) $\frac{20}{6}$ =

 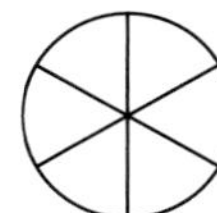 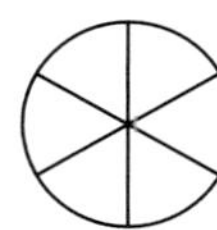 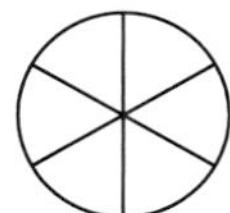

KOHL VERLAG Lernen mit Erfolg Brüche entdecken - Bestell-Nr. 15036

8 Erweitern

Aufgabe 1: ***a)*** *Sieh dir die Flächen in den Kreisen an. Was fällt dir auf? Beschreibe.*
b) *Sieh dir die Brüche an. Was fällt dir auf? Beschreibe.*

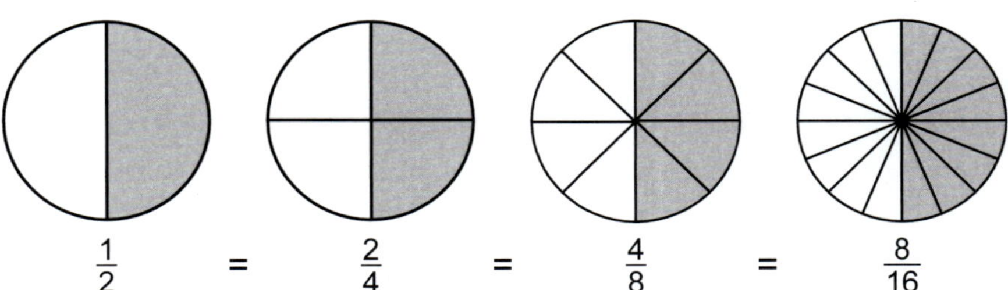

$\frac{1}{2} = \frac{2}{4} = \frac{4}{8} = \frac{8}{16}$

Aufgabe 2: ***a)*** *Was fällt dir dieses Mal auf, wenn du die Flächen in den Kreisen anschaust? Beschreibe.*
b) *Was fällt dir bei den Brüchen auf? Beschreibe.*

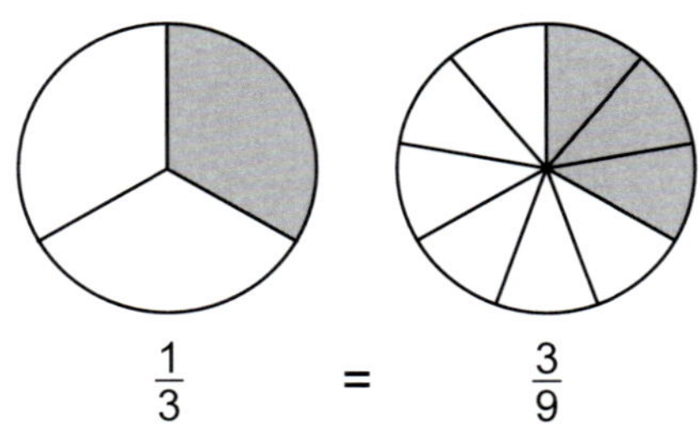

$\frac{1}{3} = \frac{3}{9}$

Erweitern

Brüche werden erweitert, indem die obere Zahl (Zähler) und die untere Zahl (Nenner) jeweils mit der gleichen Zahl multipliziert werden.

Beispiele:

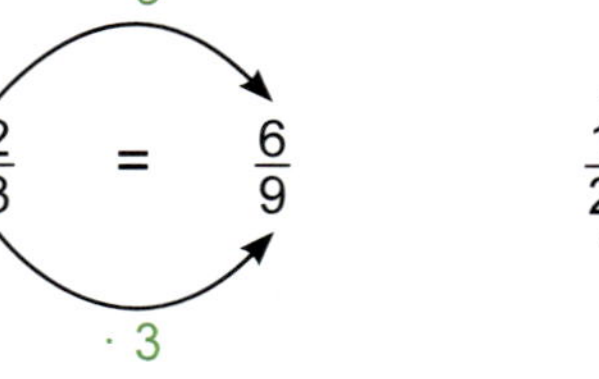

$\frac{2}{3} = \frac{6}{9}$ (Zähler $\cdot 3$, Nenner $\cdot 3$)

$\frac{1}{2} = \frac{4}{8}$ (Zähler $\cdot 4$, Nenner $\cdot 4$)

FaLSCH!

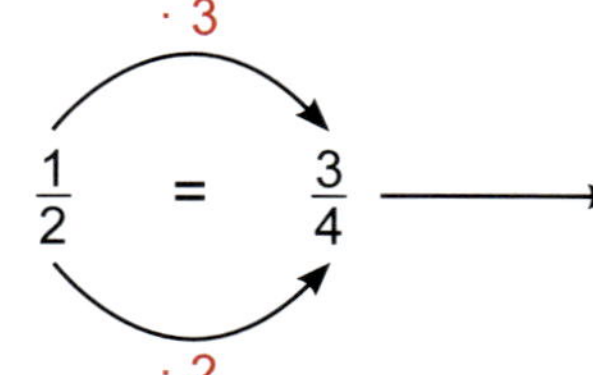

$\frac{1}{2} = \frac{3}{4}$ (Zähler $\cdot 3$, Nenner $\cdot 2$) →

Hier wurde nicht mit der gleichen Zahl multipliziert. Folge ist, dass $\frac{1}{2}$ nicht das gleiche wie $\frac{3}{4}$ ist.

Tipp:
Überprüfe alle Beispiele in dem Kasten mit dem Legematerial, indem du die dazugehörigen Bruchkreise legst und schaust, wann sie gleich sind und wann nicht.

Brüche entdecken - Bestell-Nr. 15036
KOHL VERLAG

8 Erweitern

Aufgabe 3: *Erweitere.*

> **Tipp:**
> Benutze das Legematerial. Kontrolliere deine Ergebnisse, indem du jeweils den ersten Bruchkreis und den zweiten Bruchkreis legst. Sind die Flächen gleich groß, hast du richtig gerechnet.

a) $\frac{2}{3} \overset{\cdot 2}{=} \frac{\square}{\square}$ (Zähler $\cdot 2$, Nenner $\cdot 2$)

b) $\frac{3}{4} \overset{\cdot 2}{=} \frac{\square}{\square}$ (Zähler $\cdot 2$, Nenner $\cdot 2$)

c) 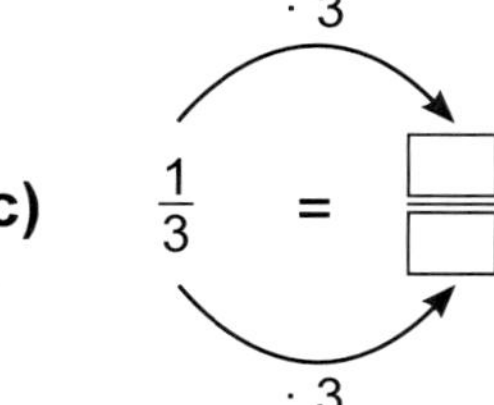

d) $\frac{1}{2} \overset{\cdot 4}{=} \frac{\square}{\square}$ (Zähler $\cdot 4$, Nenner $\cdot 4$)

e) $\frac{3}{10} \overset{\cdot 6}{=} \frac{\square}{\square}$ (Zähler $\cdot 6$, Nenner $\cdot 6$)

f) 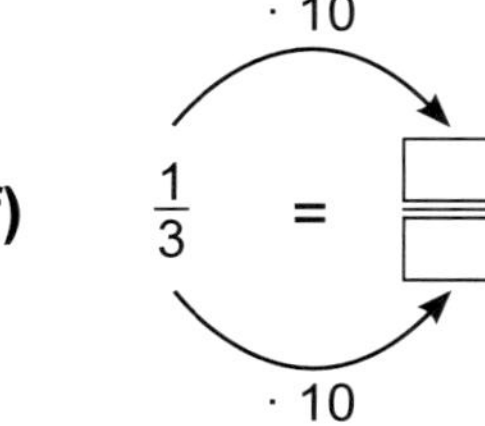

Aufgabe 4: *Mit welcher Zahl wurde erweitert?*

a) $\frac{1}{2} = \frac{3}{6}$ (Zähler $\cdot \square$, Nenner $\cdot \square$)

b) $\frac{2}{6} = \frac{4}{12}$ (Zähler $\cdot \square$, Nenner $\cdot \square$)

c) 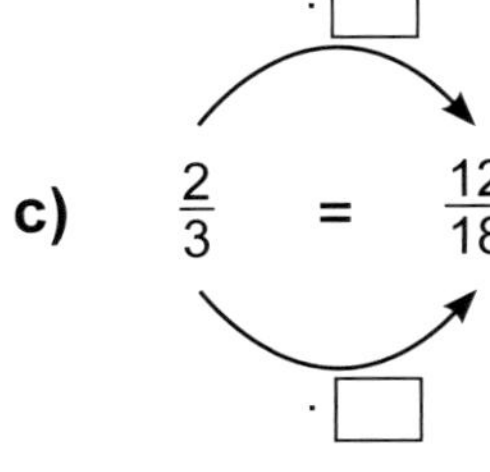

d) 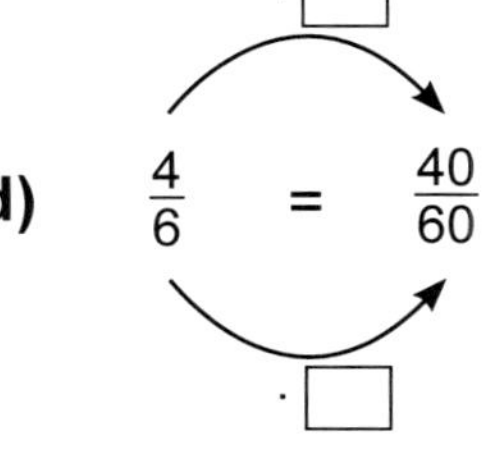

Aufgabe 5: *Erweitere die Brüche mit 7.*

a) $\frac{9}{4} = \square$ b) $\frac{7}{12} = \square$ c) $\frac{6}{5} = \square$ d) $\frac{7}{8} = \square$ e) $\frac{4}{13} = \square$

Aufgabe 6: *Erweitere die Brüche mit 9.*

a) $\frac{5}{3} = \square$ b) $\frac{1}{6} = \square$ c) $\frac{12}{13} = \square$ d) $\frac{9}{8} = \square$ e) $\frac{1}{4} = \square$

8 **Erweitern**

Aufgabe 7: *Berechne die fehlenden Zahlen.* **Beispiel:**

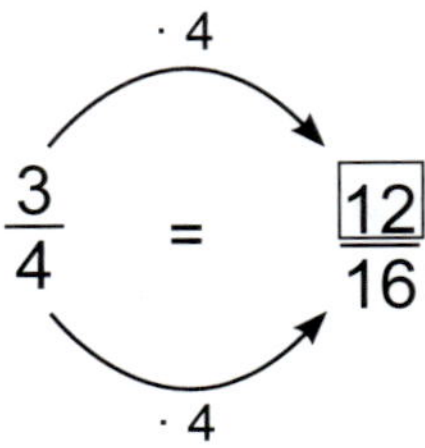

a) $\frac{4}{9} = \frac{\square}{81}$

b) $\frac{\square}{8} = \frac{16}{64}$

c) $\frac{\square}{20} = \frac{9}{60}$

d) $\frac{12}{5} = \frac{\square}{30}$

e) $\frac{15}{8} = \frac{30}{\square}$

f) $\frac{\square}{11} = \frac{30}{66}$

g) $\frac{\square}{9} = \frac{60}{90}$

h) $\frac{3}{\square} = \frac{12}{32}$

i) $\frac{7}{12} = \frac{\square}{36}$

j) $\frac{\square}{8} = \frac{49}{56}$

k) $\frac{5}{4} = \frac{\square}{8}$

l) $\frac{3}{5} = \frac{12}{\square}$

m) $\frac{6}{7} = \frac{\square}{14}$

n) $\frac{2}{5} = \frac{10}{\square}$

o) $\frac{1}{3} = \frac{6}{\square}$

Knobeldreieck:

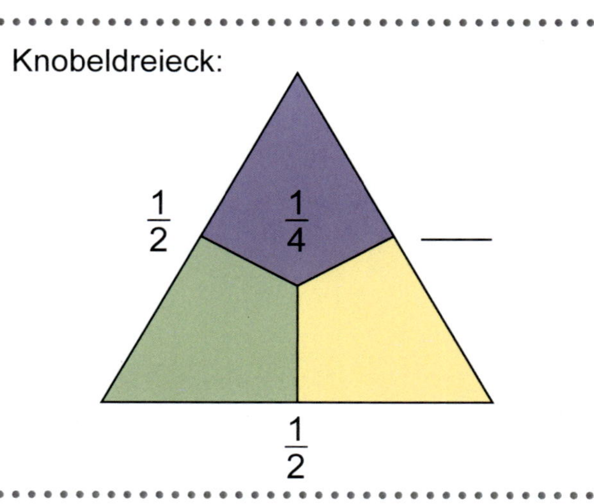

Tipp: Es müssen immer zwei nebeneinander liegende Brüche addiert werden. Das Ergebnis steht an der dazugehörigen Außenseite des Dreiecks.

KOHL VERLAG Brüche entdecken - Bestell-Nr. 15036

9 Kürzen

Aufgabe 1: ***a)*** *Sieh dir die Flächen in den Kreisen an. Was fällt dir auf? Beschreibe.*
b) *Sieh dir die Brüche an. Was fällt dir auf? Beschreibe.*

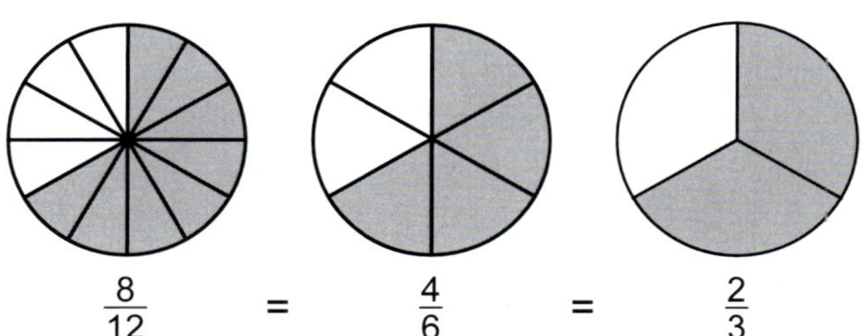

$$\frac{8}{12} = \frac{4}{6} = \frac{2}{3}$$

Aufgabe 2: ***a)*** *Was fällt dir dieses Mal auf, wenn du die Flächen in den Kreisen anschaust? Beschreibe.*
b) *Was fällt dir bei den Brüchen auf? Beschreibe.*

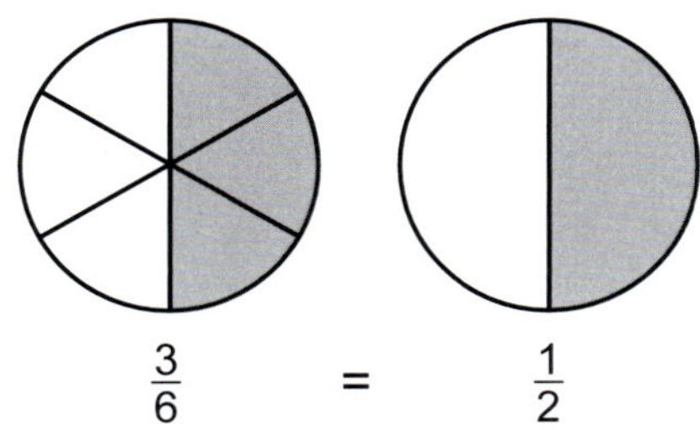

$$\frac{3}{6} = \frac{1}{2}$$

Kürzen

Brüche werden gekürzt, indem die obere Zahl (Zähler) und die untere Zahl (Nenner) jeweils durch die gleiche Zahl dividiert werden.

Beispiele:

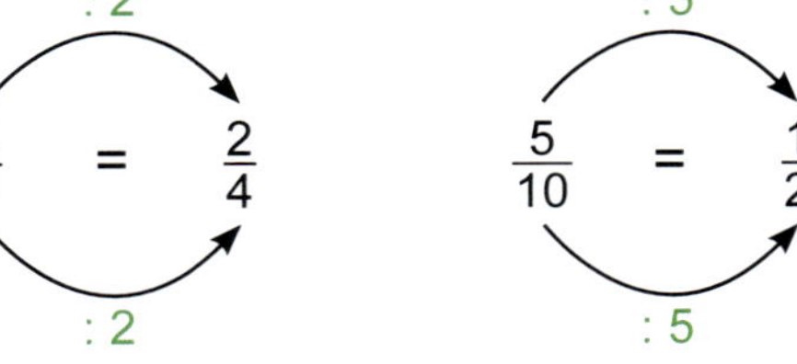

$$\frac{4}{8} = \frac{2}{4} \quad (:2 \text{ oben}, :2 \text{ unten}) \qquad \frac{5}{10} = \frac{1}{2} \quad (:5 \text{ oben}, :5 \text{ unten})$$

FaLSCH!

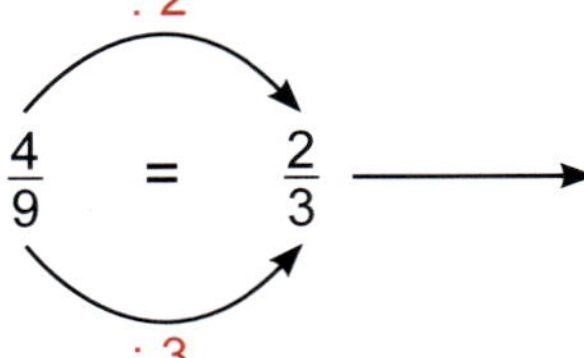

$$\frac{4}{9} = \frac{2}{3} \quad (:2 \text{ oben}, :3 \text{ unten})$$

Hier wurde nicht mit der gleichen Zahl dividiert. Folge ist, dass $\frac{4}{9}$ nicht das gleiche wie $\frac{2}{3}$ ist.

Tipp:

Überprüfe alle Beispiele in dem Kasten mit dem Legematerial, indem du die dazugehörigen Bruchkreise legst und schaust, wann sie gleich sind und wann nicht.

9 Kürzen

Aufgabe 3: Kürze.

> **Tipp:**
> Benutze das Legematerial. Kontrolliere deine Ergebnisse, indem du jeweils den ersten Bruchkreis und den zweiten Bruchkreis legst. Sind die Flächen gleich groß, hast du richtig gerechnet.

a) $\frac{2}{4} = \frac{\square}{\square}$ (: 2)

b) $\frac{3}{9} = \frac{\square}{\square}$ (: 3)

c) 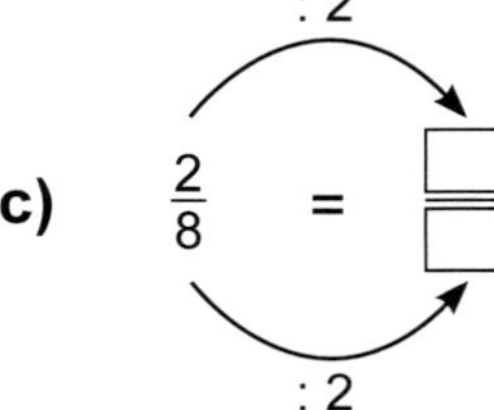

d) $\frac{5}{10} = \frac{\square}{\square}$ (: 5)

e) $\frac{6}{18} = \frac{\square}{\square}$ (: 6)

f) 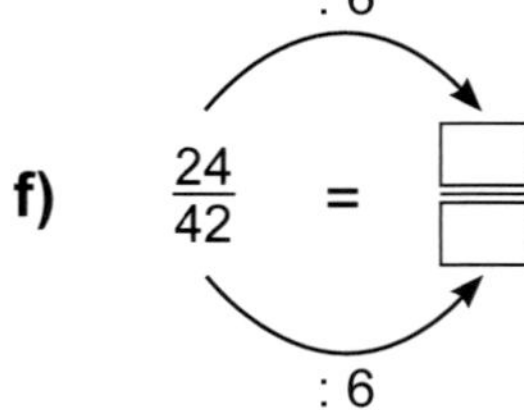

Aufgabe 4: *Mit welcher Zahl wurde gekürzt?*

a) 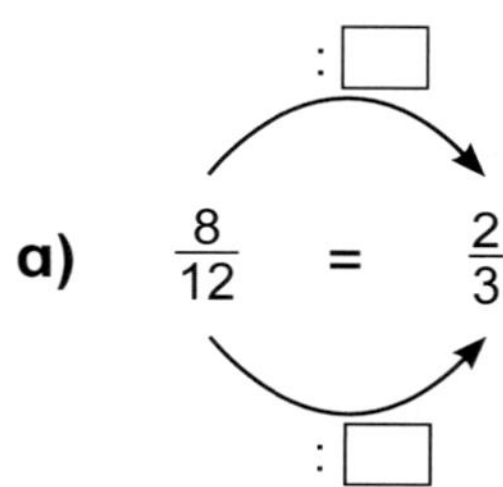

b) 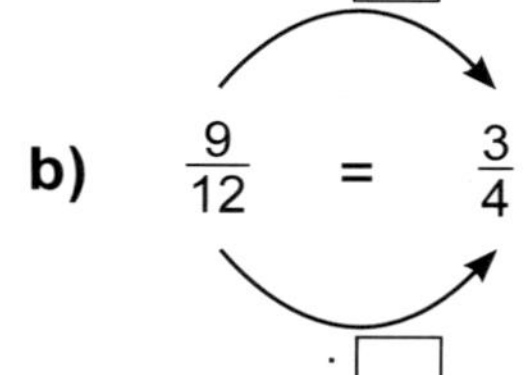

c) 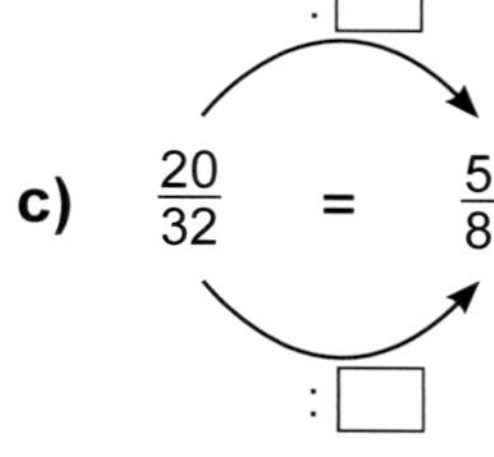

d) 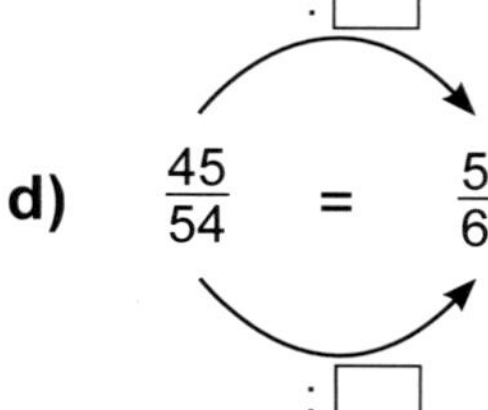

Aufgabe 5: *Manchmal kann man das Ergebnis noch einmal kürzen. Kürze so lange, bis es nicht mehr geht.*

a) $\frac{28}{42} =$ **b)** $\frac{60}{80} =$ **c)** $\frac{15}{35} =$ **d)** $\frac{75}{125} =$

> **Tipp:**
> Benutze das Legematerial. Kontrolliere deine Ergebnisse, indem du jeweils den ersten Bruchkreis und den zweiten Bruchkreis legst. Sind die Flächen gleich groß, hast du richtig gerechnet.

10 Brüche mit Brüchen multiplizieren

Brüche multiplizieren

Wir multiplizieren Brüche, indem wir die oberen Zahlen (Zähler) miteinander malnehmen und die unteren Zahlen (Nenner) miteinander malnehmen.

Beispiel: $\frac{3}{5} \cdot \frac{2}{4} = \frac{3 \cdot 2}{5 \cdot 4} = \mathbf{\frac{6}{20}}$

Das Ergebnis kann dann oft noch gekürzt werden: $\frac{6}{20} = \mathbf{\frac{3}{10}}$

Aufgabe 1: *Berechne.*

a) $\frac{4}{5} \cdot \frac{1}{2} = \frac{4 \cdot 1}{\square} =$ **b)** $\frac{2}{3} \cdot \frac{8}{5} = \frac{\square}{3 \cdot 5} =$ **c)** $\frac{1}{3} \cdot \frac{1}{2} = \frac{\square}{\square} =$

Aufgabe 2: *Berechne. Denke daran, dass man das Ergebnis noch kürzen muss, falls nötig.*

a) $\frac{2}{3} \cdot \frac{1}{2} = \frac{2 \cdot 1}{3 \cdot 2} = \square = \square$ **b)** $\frac{4}{6} \cdot \frac{2}{3} = \frac{4 \cdot 2}{6 \cdot 3} = \square = \square$

c) $\frac{5}{3} \cdot \frac{1}{2} = \frac{5 \cdot 1}{3 \cdot 2} = \square = \square$ **d)** $\frac{4}{12} \cdot \frac{2}{4} = \frac{\square}{\square} = \square = \square$

e) $\frac{7}{9} \cdot \frac{4}{2} = \frac{\square}{\square} = \square = \square$ **f)** $\frac{8}{10} \cdot \frac{3}{5} = \frac{\square}{\square} = \square = \square$

Aufgabe 3: *Berechne. Denke daran, das Ergebnis zu kürzen, falls möglich.*

a) $\frac{3}{5} \cdot \frac{7}{6} =$ **b)** $\frac{4}{8} \cdot \frac{4}{5} =$

c) $\frac{7}{9} \cdot \frac{2}{3} =$ **d)** $\frac{3}{5} \cdot \frac{5}{9} =$

e) $\frac{3}{6} \cdot \frac{8}{6} =$ **f)** $\frac{5}{10} \cdot \frac{4}{5} =$

g) $\frac{11}{9} \cdot \frac{5}{6} =$ **h)** $\frac{3}{7} \cdot \frac{7}{8} =$

11 Brüche mit ganzen Zahlen multiplizieren

Wenn wir einen Bruch mit einer ganzen Zahl (z. B. 3) multiplizieren wollen, wenden wir die gleichen Regeln an wie beim Multiplizieren von zwei Brüchen. Vorher müssen wir die ganze Zahl aber zu einem Bruch „machen“: Eine ganze Zahl hat im Nenner immer eine 1.

Beispiel: $16 = \frac{16}{1}$

Eine Beispielrechnung: $\frac{1}{4} \cdot 16 = \frac{1}{4} \cdot \frac{16}{1} = \frac{1 \cdot 16}{4 \cdot 1} = \mathbf{\frac{16}{4}}$

Auch hier kann das Ergebnis oft noch gekürzt werden: $\frac{16}{4} = \mathbf{4}$

Aufgabe 1: *Berechne. Denke daran, das Ergebnis zu kürzen, falls es nötig ist.*

a) $\frac{1}{7} \cdot 3 = \frac{1}{7} \cdot \frac{\square}{\square} = \frac{\square}{\square} = \square = \square$

b) $\frac{1}{6} \cdot 9 = \frac{1}{6} \cdot \frac{\square}{\square} = \frac{\square}{\square} = \square = \square$

c) $\frac{1}{8} \cdot 2 = \frac{1}{8} \cdot \frac{\square}{\square} = \frac{\square}{\square} = \square = \square$

d) $\frac{1}{4} \cdot 2 = \frac{1}{4} \cdot \frac{\square}{\square} = \frac{\square}{\square} = \square = \square$

Aufgabe 2: *Berechne. Denke daran, das Ergebnis zu kürzen, falls es nötig ist.*

Beispiel: $100 \cdot \frac{4}{10} = \frac{400}{10} = 40$

a) $11 \cdot \frac{2}{4} =$ ______

b) $\frac{3}{5} \cdot 8 =$ ______

c) $25 \cdot \frac{4}{10} =$ ______

d) $\frac{6}{8} \cdot 3 =$ ______

e) $20 \cdot \frac{3}{4} =$ ______

f) $\frac{4}{9} \cdot 3 =$ ______

g) $7 \cdot \frac{7}{10} =$ ______

h) $\frac{2}{3} \cdot 3 =$ ______

KOHL VERLAG Brüche entdecken - Bestell-Nr. 15036

11 Brüche mit ganzen Zahlen multiplizieren

Aufgabe 3: *Schreibe kürzer. Benutze einen Bruchoperator.*

Beispiel: 15 —(: 5)→ [3] —(· 3)→ [9] $= 15 \cdot \frac{3}{5} = \mathbf{9}$

$\left(\cdot \frac{3}{5}\right)$ ← Bruchoperator

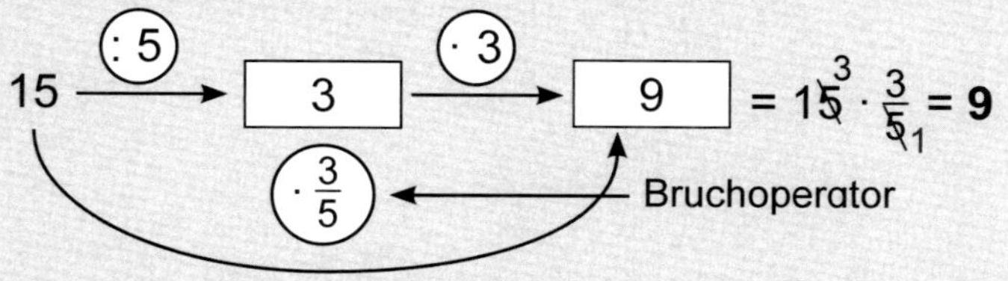

a) 25 —(: 5)→ [ ] —(· 7)→ [ ] =

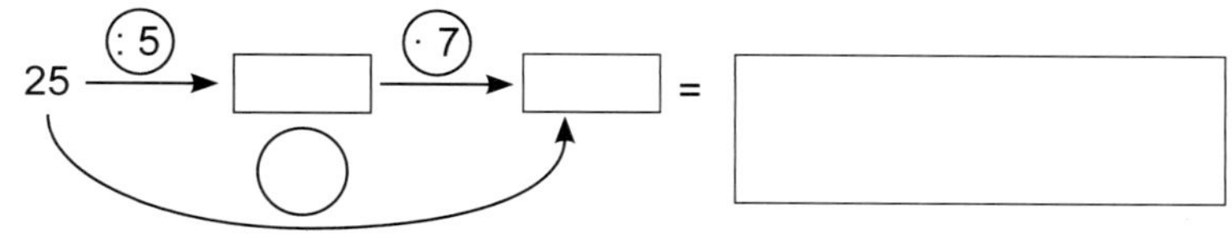

b) 42 —(: 7)→ [ ] —(· 9)→ [ ] =

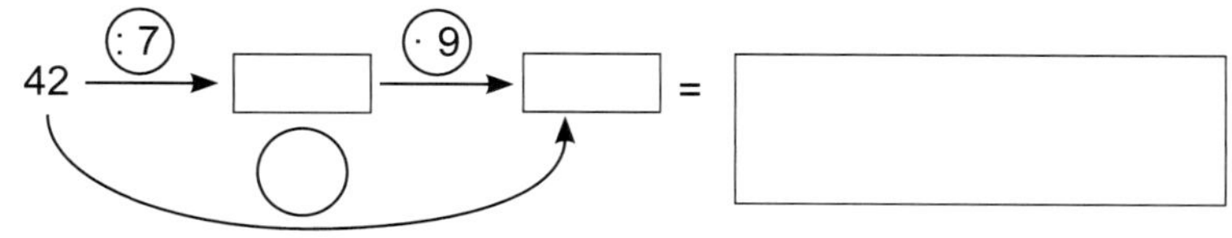

c) 66 —(: 6)→ [ ] —(· 9)→ [ ] =

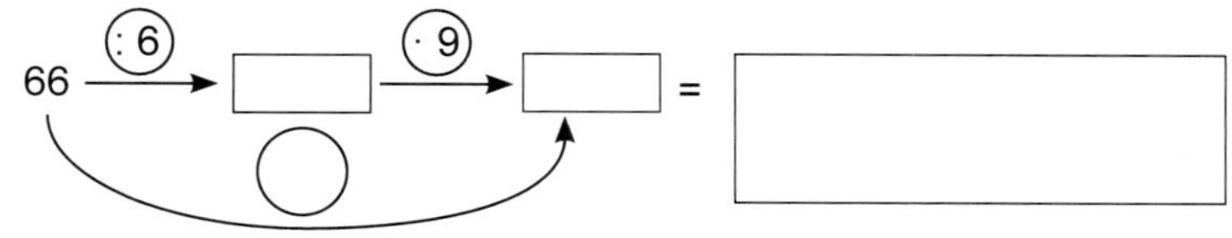

d) 140 —(: 10)→ [ ] —(· 5)→ [ ] =

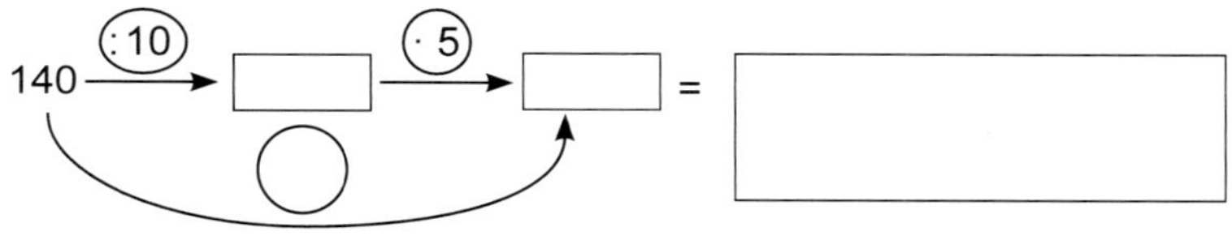

e) 72 —(: 9)→ [ ] —(· 8)→ [ ] =

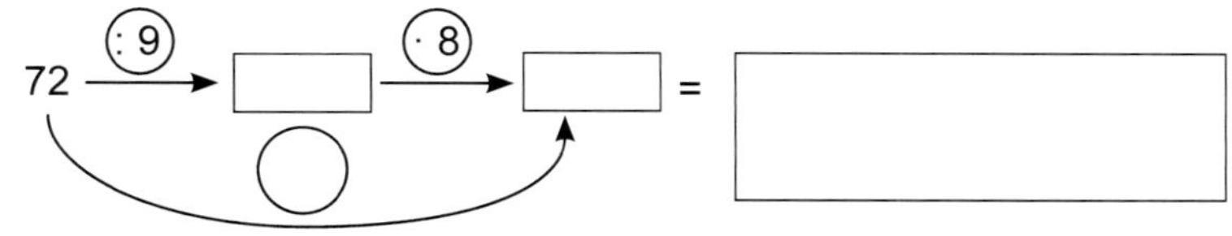

f) 81 —(: 3)→ [ ] —(· 10)→ [ ] =

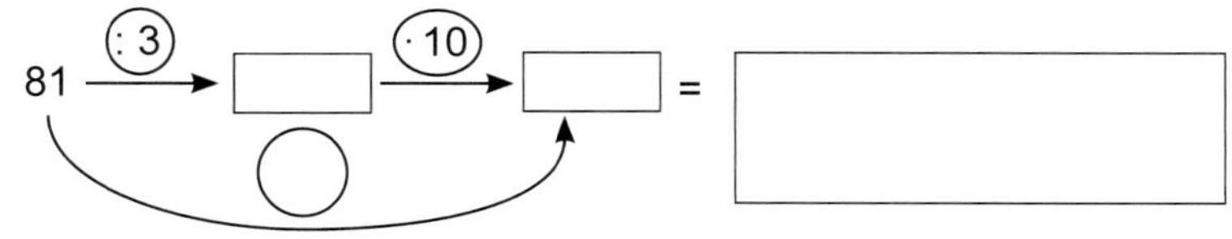

g) 45 —(: 3)→ [ ] —(· 5)→ [ ] =

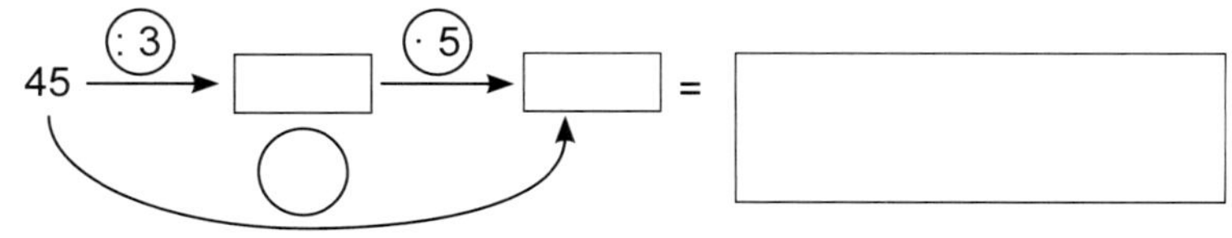

h) 240 —(: 6)→ [ ] —(· 3)→ [ ] =

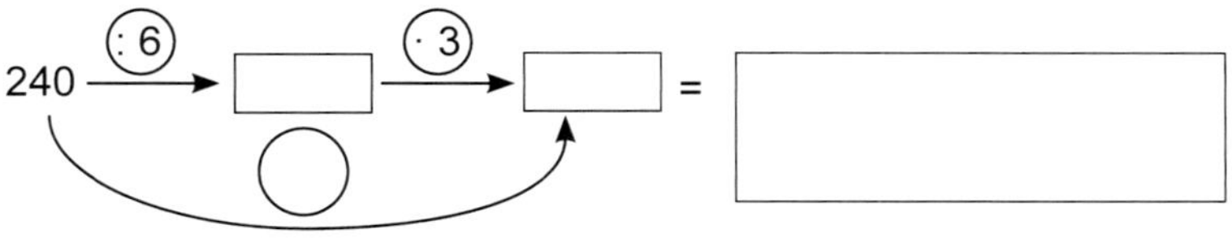

i) 90 —(: 3)→ [ ] —(· 7)→ [ ] =

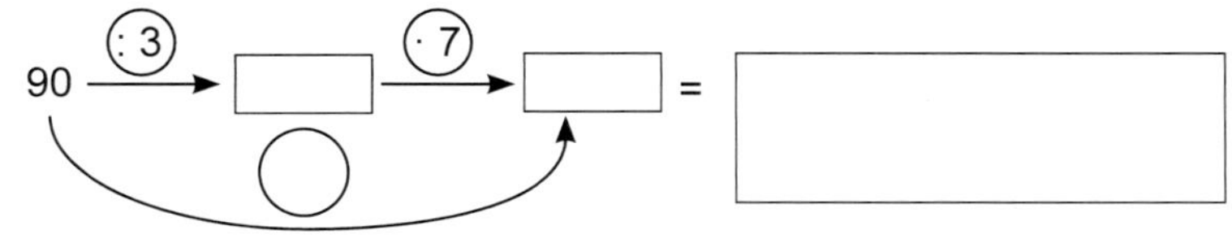

KOHL VERLAG Brüche entdecken - Bestell-Nr. 15036

12 Brüche dividieren

Brüche dividieren

Wenn zwischen zwei Brüchen ein Geteiltzeichen steht, müssen wir den zweiten Bruch umdrehen. Man nennt dies den Kehrwert bilden.

Beispiel: $\frac{2}{4} \rightarrow \frac{4}{2}$ (Kehrwert)

Nach Bildung des Kehrwerts werden die beiden Brüche wie gewohnt miteinander multipliziert:

Beispiel: $\frac{1}{3} : \frac{2}{4} = \frac{1}{3} \cdot \mathbf{\frac{4}{2}} = \frac{1 \cdot 4}{3 \cdot 2} = \mathbf{\frac{4}{6}}$

↑ Kehrwert

Auch hier kann das Ergebnis noch gekürzt werden: $\frac{4}{6} = \frac{2}{3}$

Aufgabe 1: *Bilde zuerst den Kehrwert des zweiten Bruches. Berechne dann. Denke daran zu kürzen, falls es nötig ist.*

a) $\frac{2}{3} : \frac{3}{4} = \frac{2}{3} \cdot \frac{\square}{\square} = \frac{\square}{\square} = \square$ b) $\frac{4}{3} : \frac{7}{4} = \frac{4}{3} \cdot \frac{\square}{\square} = \frac{\square}{\square} = \square$

c) $\frac{2}{7} : \frac{8}{12} = \frac{2}{7} \cdot \frac{\square}{\square} = \frac{\square}{\square} = \square$ d) $\frac{2}{6} : \frac{6}{9} = \frac{2}{6} \cdot \frac{\square}{\square} = \frac{\square}{\square} = \square$

e) $\frac{2}{3} : \frac{7}{6} = \frac{2}{3} \cdot \frac{\square}{\square} = \frac{\square}{\square} = \square$ f) $\frac{4}{7} : \frac{6}{7} = \frac{4}{7} \cdot \frac{\square}{\square} = \frac{\square}{\square} = \square$

g) $\frac{2}{3} : \frac{2}{4} = \frac{2}{3} \cdot \frac{\square}{\square} = \frac{\square}{\square} = \square$ h) $\frac{5}{4} : \frac{15}{8} = \frac{5}{4} \cdot \frac{\square}{\square} = \frac{\square}{\square} = \square$

i) $\frac{9}{7} : \frac{3}{10} = \frac{9}{7} \cdot \frac{\square}{\square} = \frac{\square}{\square} = \square$ j) $\frac{3}{5} : \frac{10}{5} = \frac{3}{5} \cdot \frac{\square}{\square} = \frac{\square}{\square} = \square$

Tipp: Es müssen immer zwei nebeneinander liegende Brüche addiert werden. Das Ergebnis steht an der dazugehörigen Außenseite des Dreiecks.

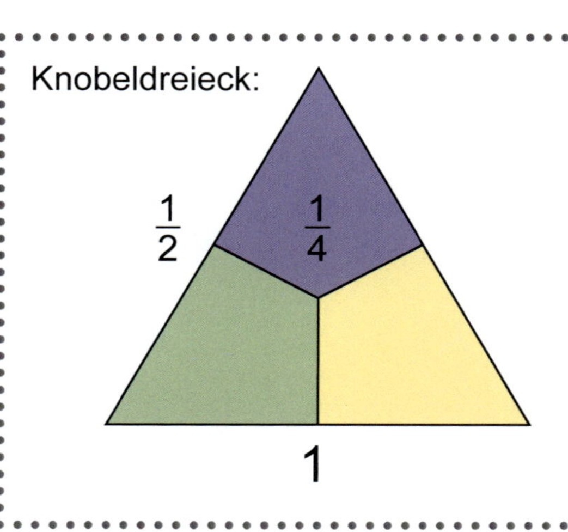

13 Knobelaufgaben

1 Lege aus gleichen Bruchteilen einen ganzen Kreis.
Zeichne deine Lösungen auf. Beschrifte sie.
Sicher fällt dir etwas auf. Beschreibe.

2 Lege aus verschiedenen Bruchteilen einen ganzen Kreis.
Zeichne deine Lösungen auf. Beschrifte sie.
Sicher fällt dir etwas auf. Schreibe auf.

3 Lege aus deinen Bruchteilen $1\frac{1}{2}$ Kreise.
Zeichne und beschrifte deine Lösungen.
Sicher fällt dir etwas auf. Schreibe auf.

4 Lege die Brüche.
Zeichne und beschrifte deine Lösungen.
Sicher fällt dir etwas auf. Schreibe auf.

$\frac{3}{8}$ $\frac{4}{5}$ $\frac{1}{3}$ $\frac{2}{10}$ $\frac{3}{2}$ $1\frac{3}{4}$

5 Lege die Bruchteile. Zeichne deine Lösungen
und beschrifte sie.
Vergleiche. Sicher fällt dir etwas auf. Schreibe auf.

$\frac{1}{2}$ $\frac{1}{4}$ $\frac{1}{8}$

6 Lege die Bruchteile. Zeichne deine Lösungen
und beschrifte sie.
Vergleiche. Sicher fällt dir etwas auf. Schreibe auf.

$\frac{2}{3}$ $\frac{3}{4}$ $\frac{3}{2}$

7 Mache die Brüche gleichwertig, also auf beiden Seiten gleich viel.
Lege und zeichne deine Lösungen.
Sicher fällt dir etwas auf. Schreibe auf.

$\frac{1}{2} = \frac{\square}{4}$ $\frac{1}{2} = \frac{\square}{6}$ $\frac{1}{5} = \frac{\square}{10}$ $\frac{1}{3} = \frac{\square}{6}$

8 Mache die Brüche gleichwertig, also auf beiden Seiten gleich viel.
Lege und zeichne deine Lösungen.
Sicher fällt dir etwas auf. Schreibe auf.

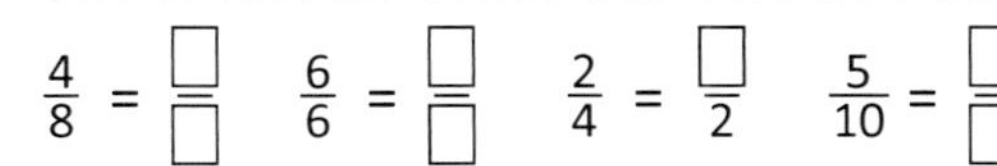

$\frac{4}{8} = \frac{\square}{\square}$ $\frac{6}{6} = \frac{\square}{\square}$ $\frac{2}{4} = \frac{\square}{2}$ $\frac{5}{10} = \frac{\square}{\square}$

KOHL VERLAG Brüche entdecken - Bestell-Nr. 15036

13 Knobelaufgaben

9

Lege die Bruchteile und addiere sie.
Zeichne und beschrifte deine Lösungen.
Sicher fällt dir etwas auf. Schreibe auf.

$\frac{2}{5} + \frac{1}{5}$ $\frac{1}{2} + \frac{1}{2}$ $\frac{4}{9} + \frac{7}{9}$ $\frac{5}{6} + \frac{5}{6}$

10

Lege die Bruchteile und addiere sie.
Zeichne und beschrifte deine Lösungen.
Sicher fällt dir etwas auf. Schreibe auf.

$\frac{2}{3} + \frac{4}{9}$ $\frac{1}{2} + \frac{3}{4}$ $\frac{1}{5} + \frac{7}{10}$ $\frac{1}{2} + \frac{5}{6}$

11

Lege die Bruchteile und addiere sie.
Zeichne und beschrifte deine Lösungen.
Sicher fällt dir etwas auf. Schreibe auf.

$3\frac{1}{4} + 2\frac{1}{4}$ $\frac{3}{8} + \frac{2}{8}$ $1\frac{1}{2} + 2\frac{1}{2}$ $\frac{7}{4} + \frac{1}{4}$

12

Lege die Bruchteile und addiere sie.
Zeichne und beschrifte deine Lösungen.
Sicher fällt dir etwas auf. Schreibe auf.

$2\frac{1}{2} + 3\frac{1}{2}$ $\frac{1}{2} + \frac{3}{8}$ $1\frac{1}{6} + 2\frac{2}{3}$ $\frac{2}{4} + \frac{2}{4}$

13

Lege die Bruchteile und subtrahiere sie.
Zeichne und beschrifte deine Lösungen.
Sicher fällt dir etwas auf. Schreibe auf.

$\frac{12}{9} - \frac{7}{9}$ $\frac{3}{2} - \frac{1}{2}$ $\frac{5}{6} - \frac{1}{6}$ $\frac{2}{5} - \frac{1}{5}$

14

Lege die Bruchteile und subtrahiere sie.
Zeichne und beschrifte deine Lösungen.
Sicher fällt dir etwas auf. Schreibe auf.

$\frac{1}{2} - \frac{2}{5}$ $\frac{1}{2} - \frac{1}{4}$ $\frac{4}{5} - \frac{7}{10}$ $\frac{2}{3} - \frac{4}{9}$

15

Lege die Bruchteile und multipliziere sie.
Zeichne und beschrifte deine Lösungen.
Sicher fällt dir etwas auf. Schreibe auf.

$2\frac{1}{4} \cdot 3$ $\frac{3}{5} \cdot 4$ $\frac{2}{5} \cdot 3$ $1\frac{1}{2} \cdot 2$

16

Lege die Bruchteile und multipliziere sie.
Zeichne und beschrifte deine Lösungen.
Sicher fällt dir etwas auf. Schreibe auf.

$\frac{8}{7} \cdot \frac{1}{4}$ $\frac{4}{9} \cdot \frac{1}{2}$ $\frac{4}{4} \cdot \frac{1}{2}$ $\frac{8}{7} \cdot \frac{1}{2}$

KOHL VERLAG Lernen mit Erfolg Brüche entdecken - Bestell-Nr. 15036

14 Legematerial

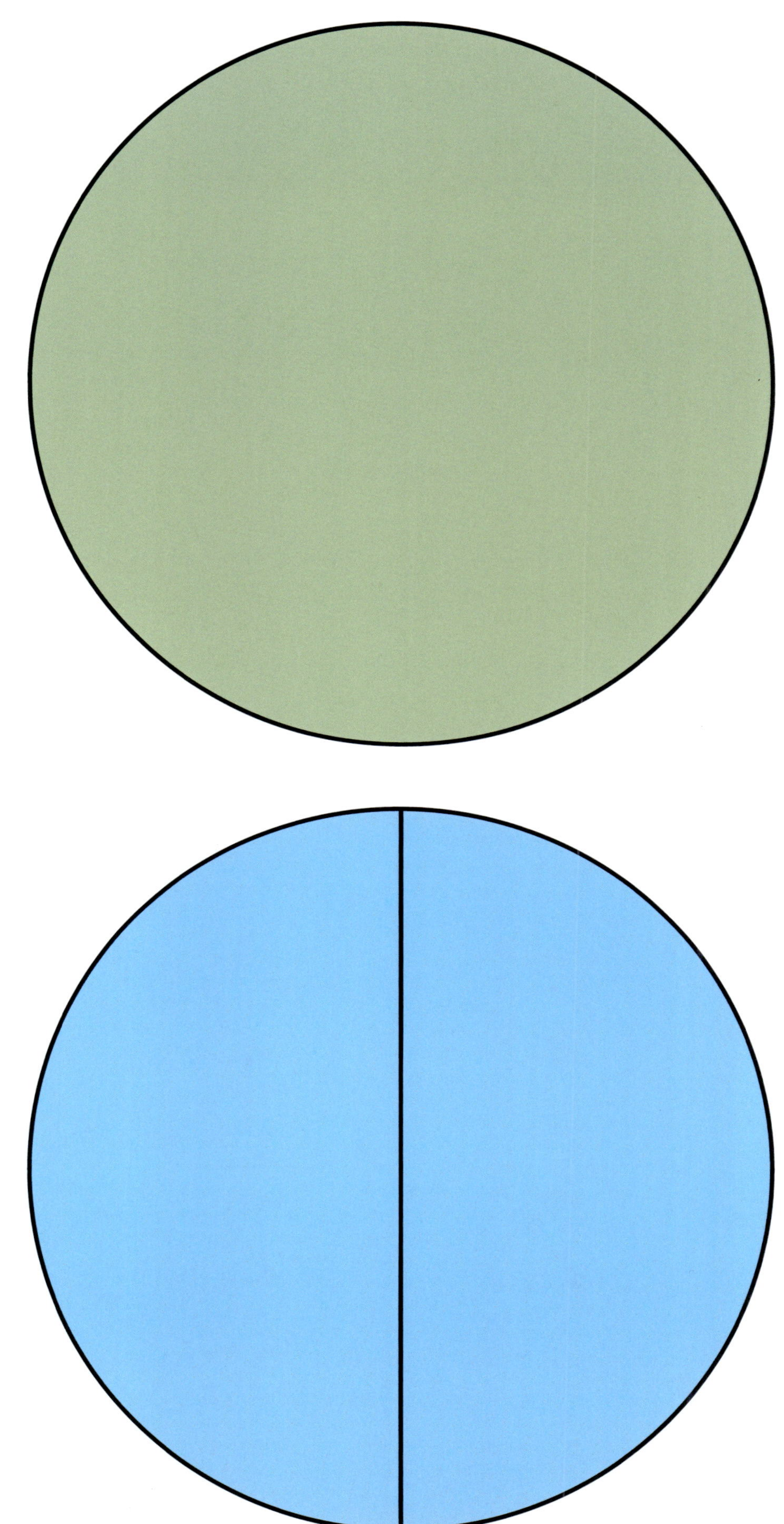

14 Legematerial

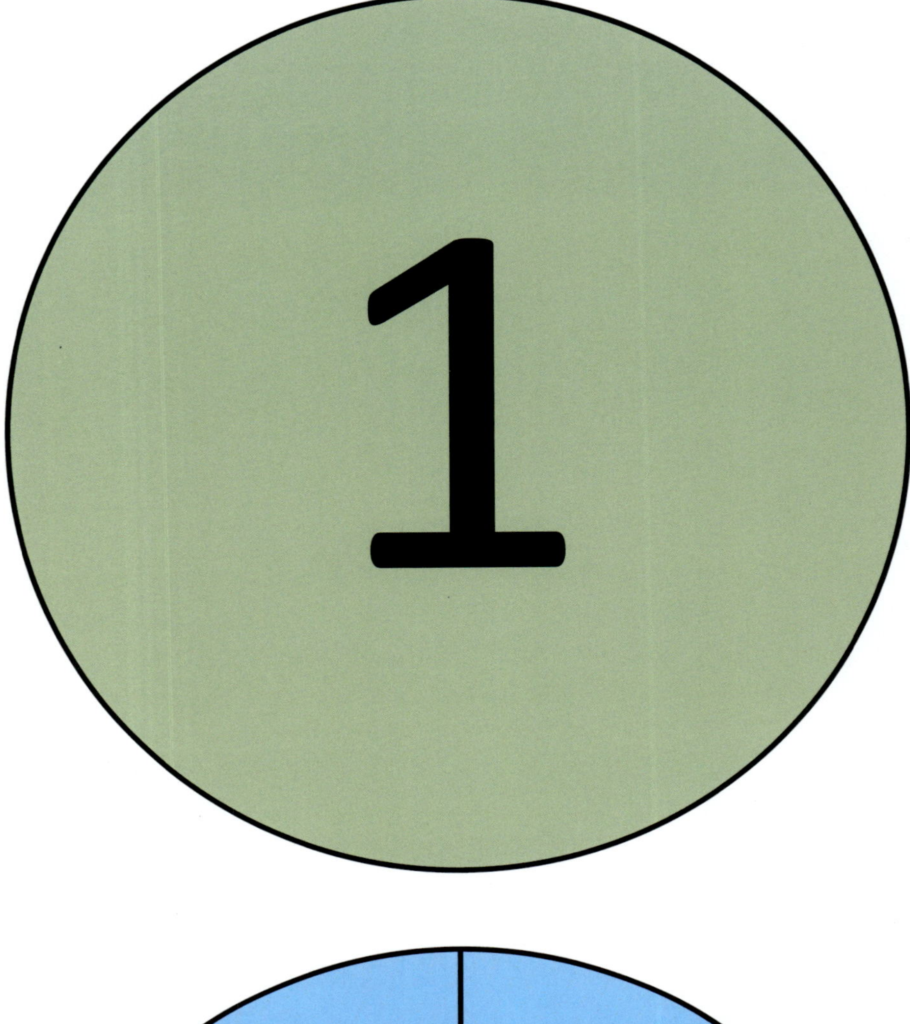

$\frac{1}{2}$ $\frac{1}{2}$

14 Legematerial

14 Legematerial

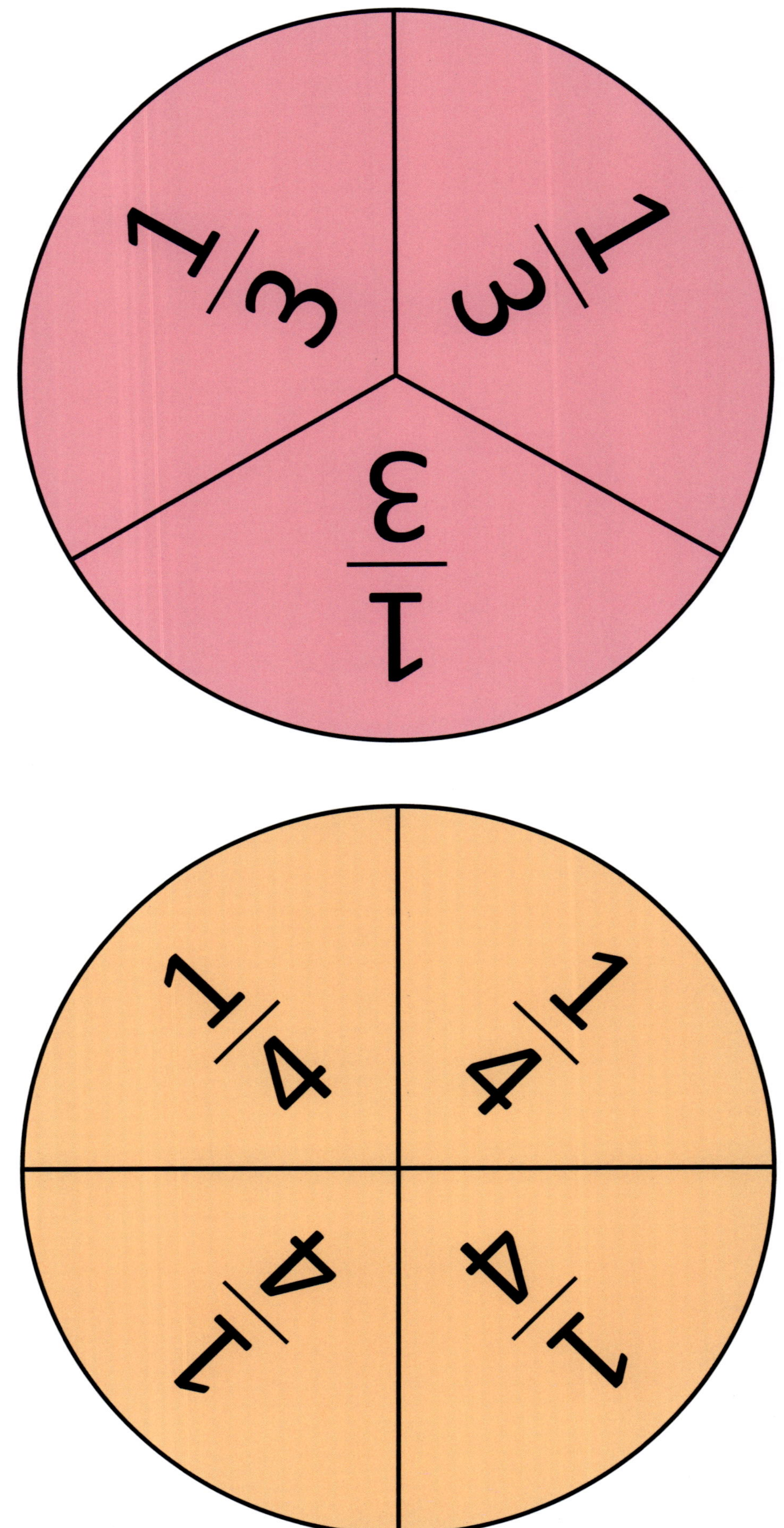

14 Legematerial

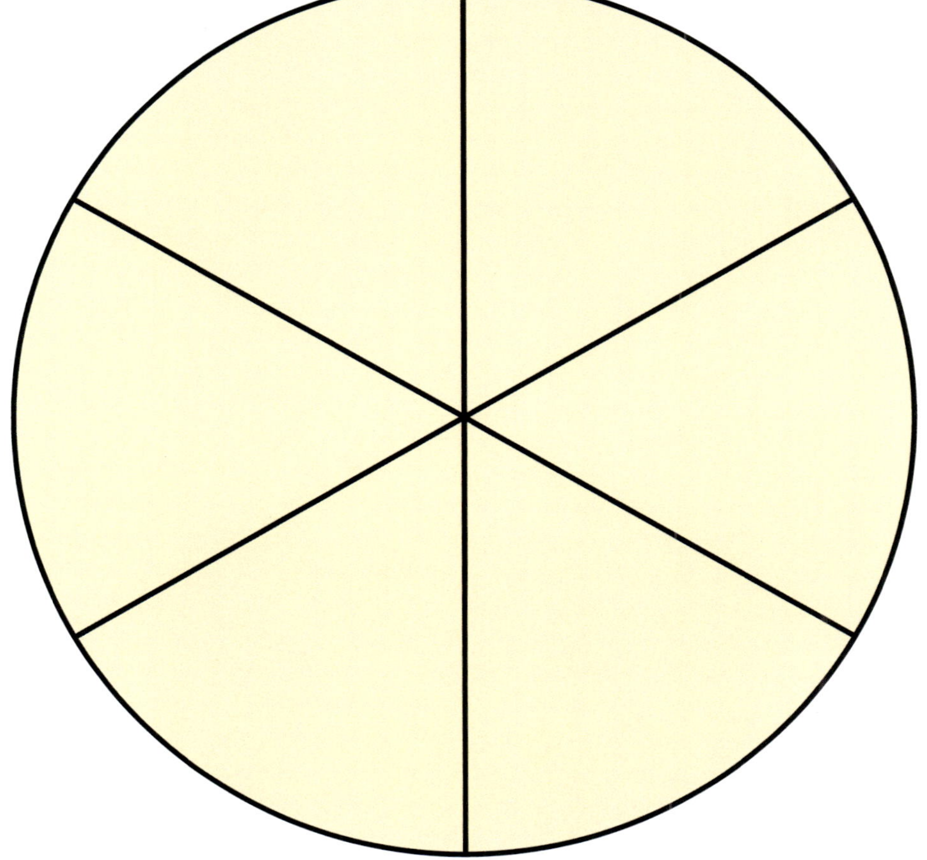

KOHL VERLAG Brüche entdecken - Bestell-Nr. 15036

14 Legematerial

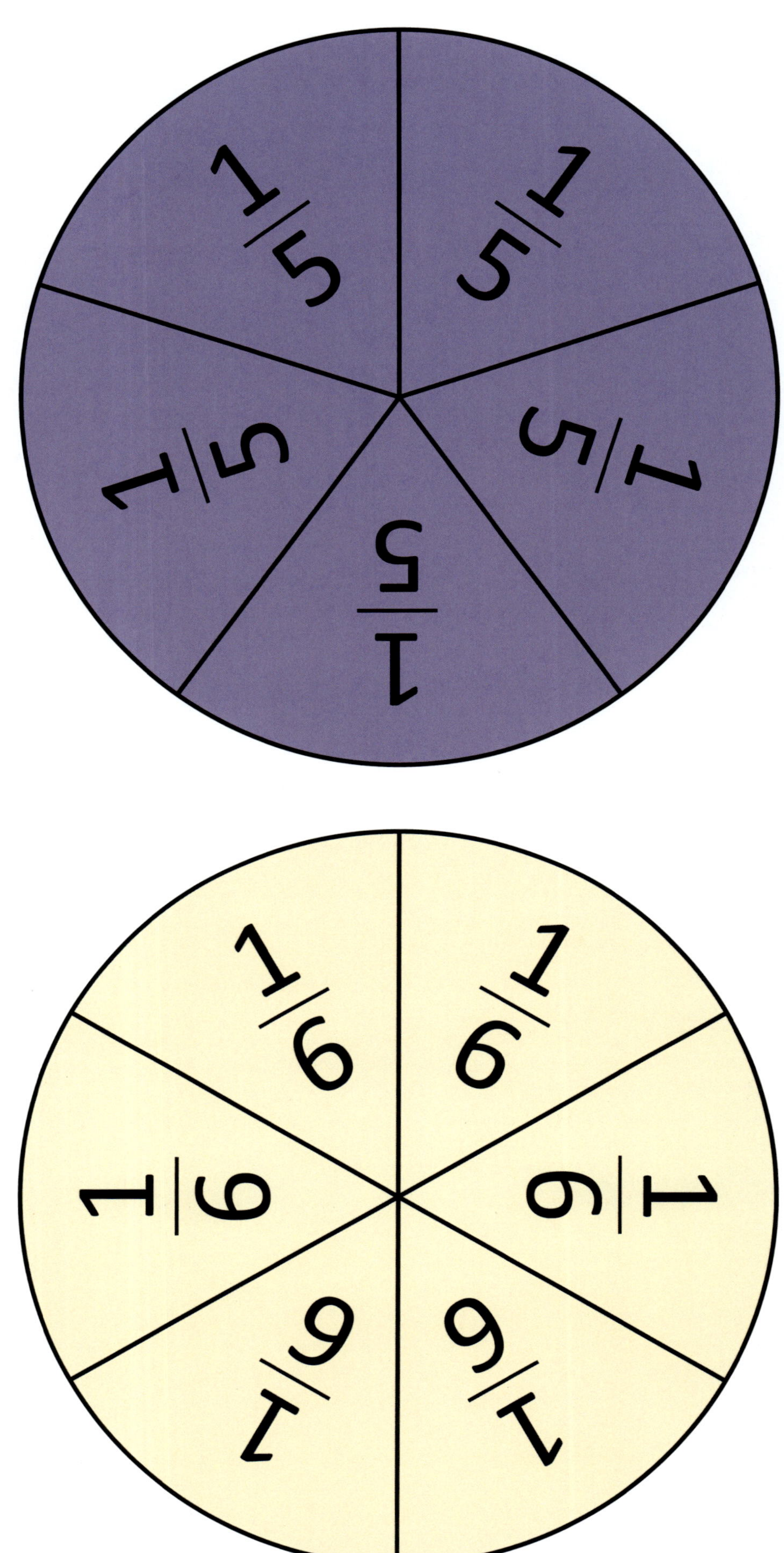

14 Legematerial

14 Legematerial

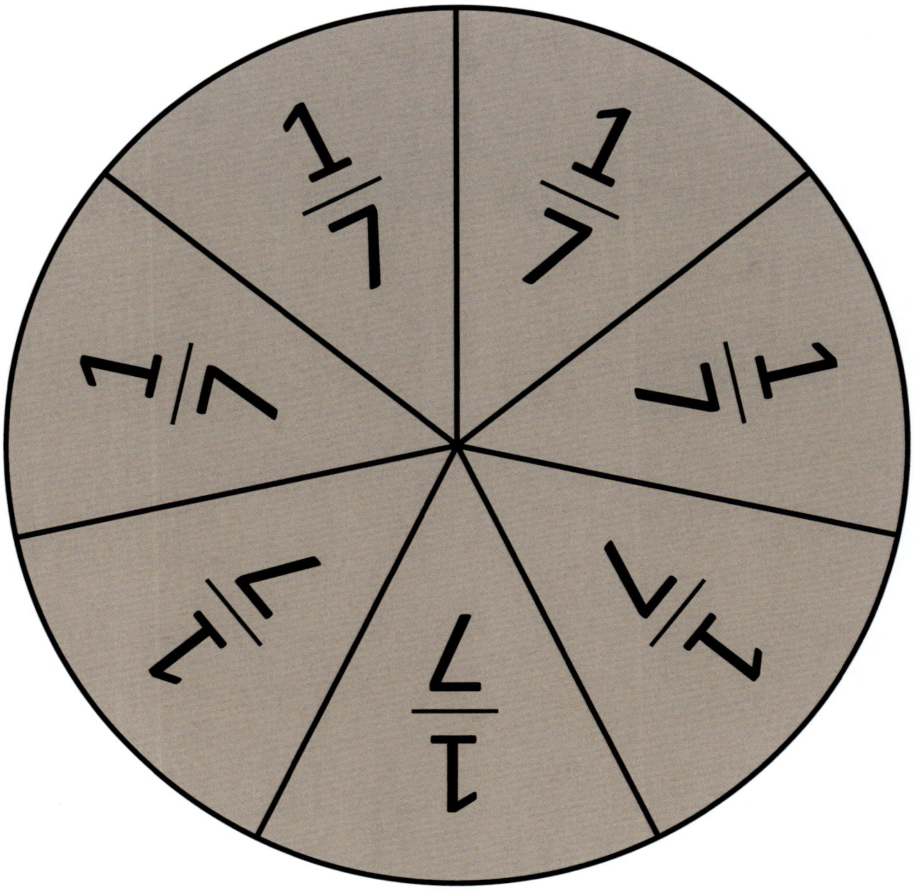

$\frac{1}{7}$ $\frac{1}{7}$ $\frac{1}{7}$ $\frac{1}{7}$ $\frac{1}{7}$ $\frac{1}{7}$ $\frac{1}{7}$

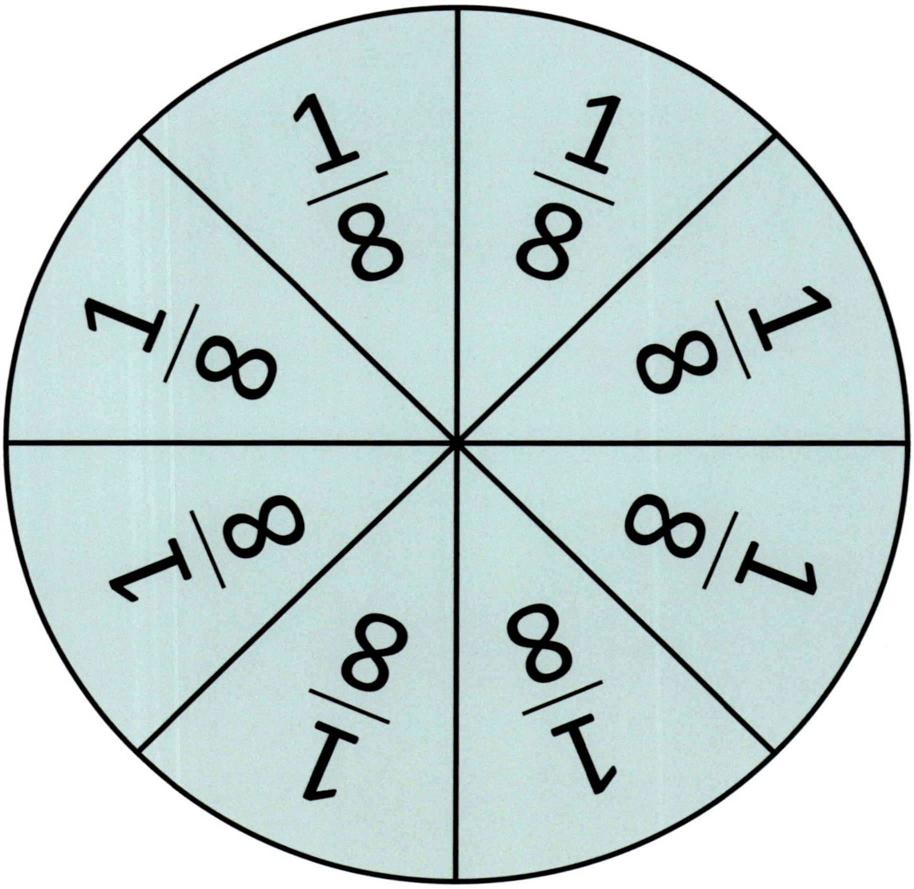

$\frac{1}{8}$ $\frac{1}{8}$ $\frac{1}{8}$ $\frac{1}{8}$ $\frac{1}{8}$ $\frac{1}{8}$ $\frac{1}{8}$ $\frac{1}{8}$

14 Legematerial

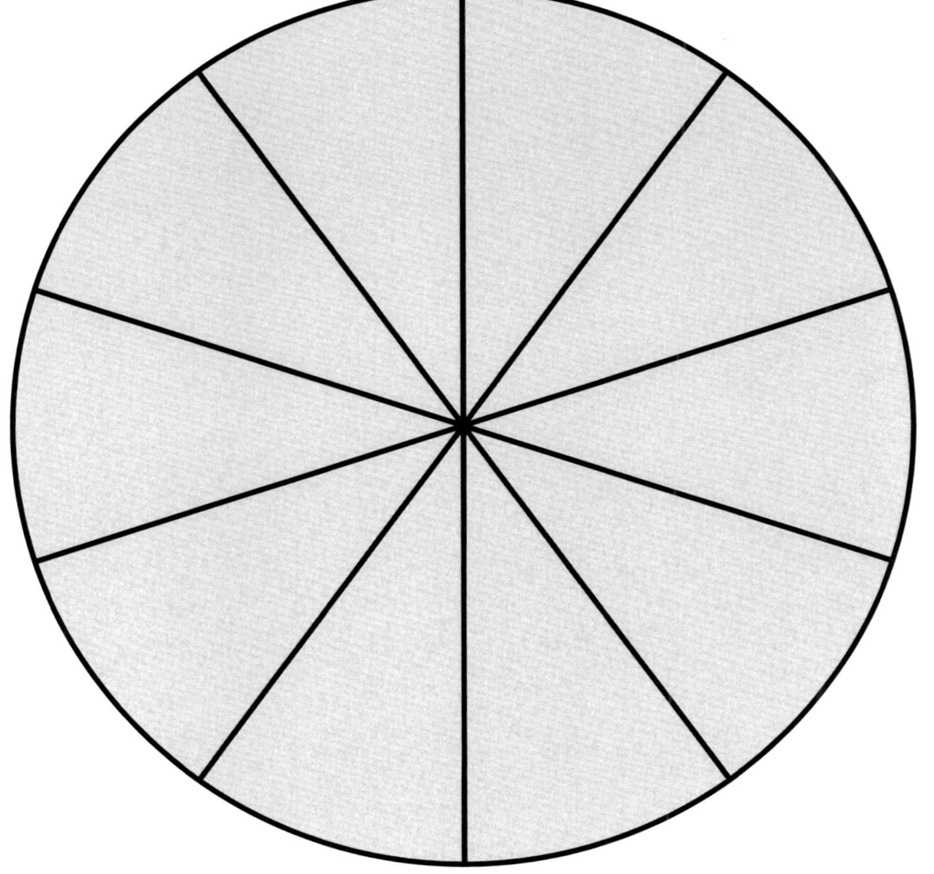

14 Legematerial

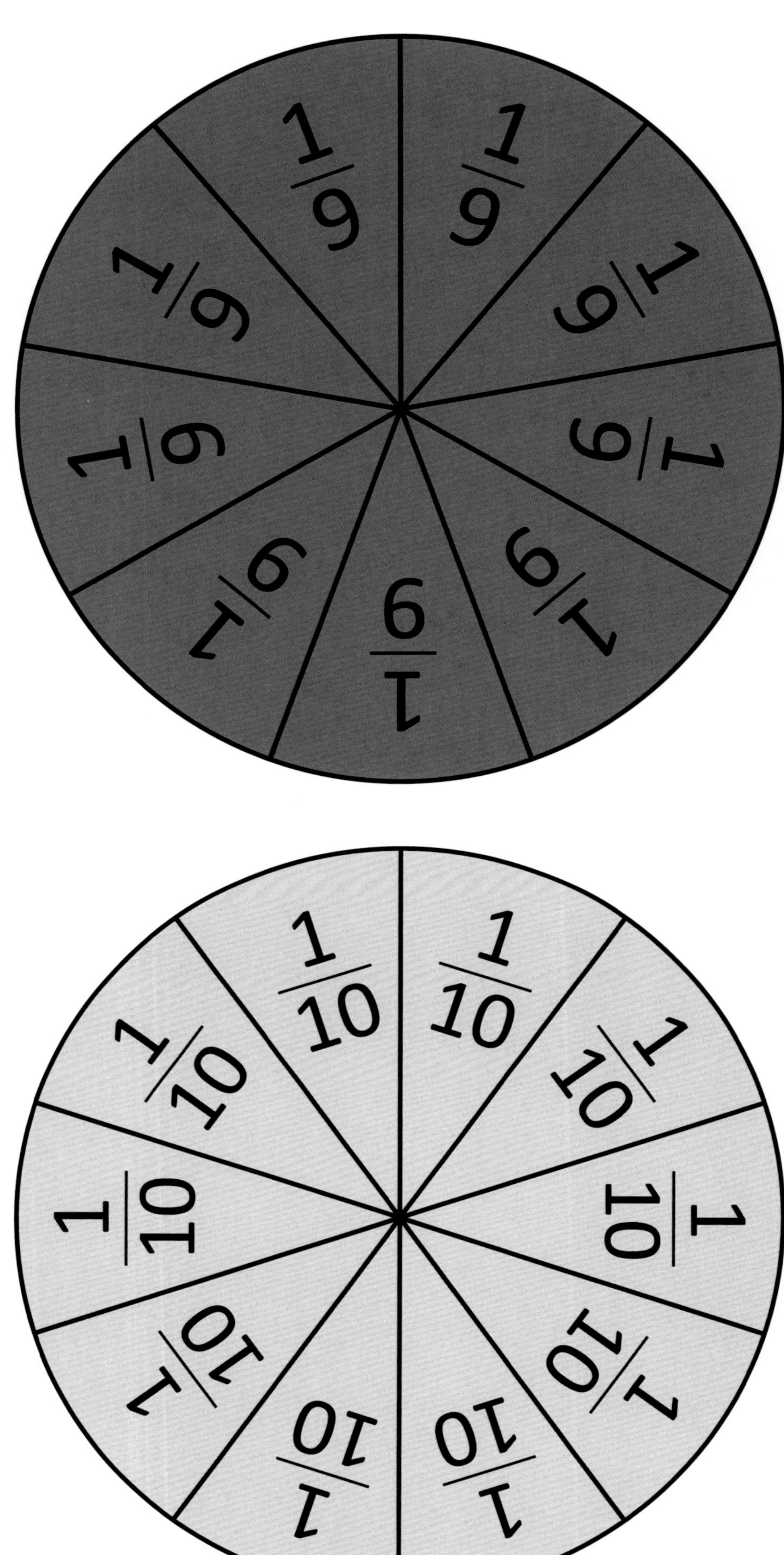

KOHL VERLAG Lernen mit Erfolg Brüche entdecken - Bestell-Nr. 15036

15 Die Lösungen

1

Aufgabe 1: **a)** 1 von 5 = $\frac{1}{5}$; **b)** 1 von 7 = $\frac{1}{7}$; **c)** 1 von 4 = $\frac{1}{4}$; **d)** 1 von 10 = $\frac{1}{10}$.

Aufgabe 2: **a)** $\frac{3}{6}$; **b)** $\frac{4}{4}$; **c)** $\frac{1}{3}$; **d)** $\frac{1}{4}$; **e)** $\frac{2}{4}$; **f)** $\frac{1}{2}$; **g)** $\frac{3}{6}$; **h)** $\frac{4}{16}$.

Aufgabe 3: **a)** $\frac{4}{8}$; **b)** $\frac{5}{14}$; **c)** $\frac{4}{8}$; **d)** $\frac{7}{20}$; **e)** $\frac{3}{8}$; **f)** $\frac{3}{8}$; **g)** $\frac{3}{12}$; **h)** $\frac{12}{36}$; **i)** $\frac{5}{10}$; **j)** $\frac{3}{13}$.

Aufgabe 4: Mögliche Lösungen:
a) $\frac{1}{3}$ **b)** $\frac{1}{3}$ **c)** $\frac{1}{4}$ **d)** $\frac{1}{4}$

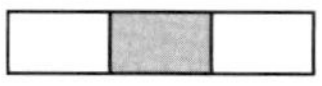

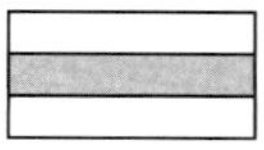

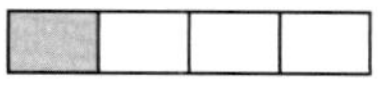

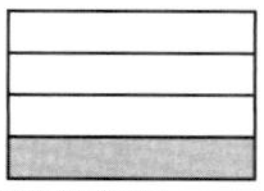

Aufgabe 5: **a)** $\frac{1}{4}$ **b)** $\frac{3}{5}$ **c)** $\frac{2}{7}$ **d)** $\frac{4}{8}$ 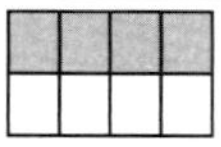
e) $\frac{2}{9}$ 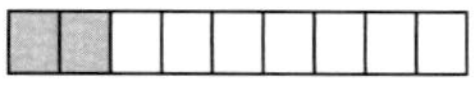 **f)** $\frac{3}{4}$ **g)** $\frac{2}{10}$ **h)** $\frac{3}{9}$ 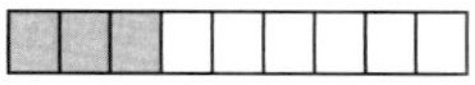
i) $\frac{3}{6}$

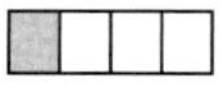

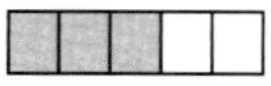

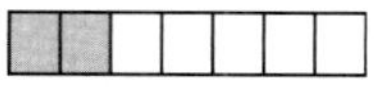

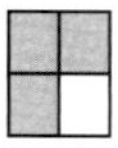

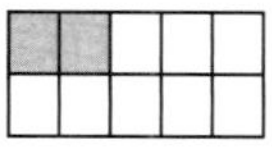

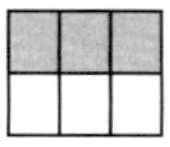

Aufgabe 6:
1 – ein Ganzes; $\frac{1}{2}$ – ein Halbes; $\frac{2}{3}$ – zwei Drittel; $\frac{1}{4}$ – ein Viertel;
$\frac{3}{4}$ – drei Viertel; $\frac{2}{5}$ – zwei Fünftel

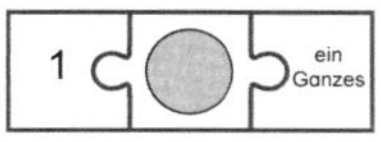

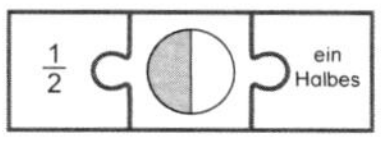

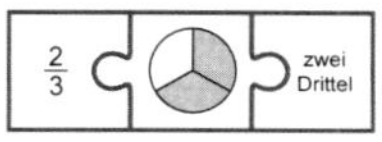

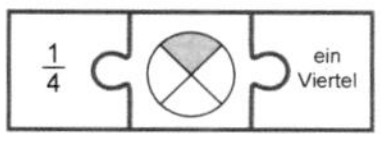

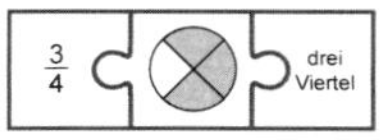

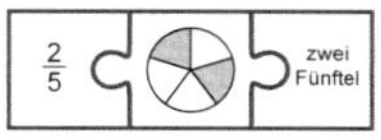

2

Aufgabe 1: A)-3)-e); B)-5)-f); C)-7)-b); D)-2)-g); E)-6)-h); F)-8)-c); G)-1)-d); H)-4)-a)

3

Aufgabe 1-3:
a) Wenn man das Rechteck/das Quadrat/den Kreis 1x faltet, sieht man die Hälfte.
b) Wenn man das Rechteck/das Quadrat/den Kreis 2x faltet, sieht man ein Viertel.
c) Wenn man das Rechteck/das Quadrat/den Kreis 3x faltet, sieht man ein Achtel.

4

Aufgabe 1: **a)** $\frac{3}{4}, \frac{1}{4}, \frac{4}{4}, \frac{2}{4}$; **b)** $\frac{1}{4} < \frac{2}{4} < \frac{3}{4} < \frac{4}{4}$

Aufgabe 2: **a)** $\frac{2}{3} > \frac{1}{3}$; **b)** $\frac{1}{3} = \frac{1}{3}$; **c)** $\frac{2}{4} < \frac{3}{4}$; **d)** $\frac{5}{8} > \frac{3}{8}$; **e)** $\frac{4}{12} < \frac{5}{12}$; **f)** $\frac{2}{5} = \frac{2}{5}$

5

Aufgabe 1: **a)** 1, $\frac{3}{8}, \frac{2}{3}, \frac{3}{4}, \frac{1}{2}, \frac{7}{8}$; **b)** $\frac{3}{8} < \frac{1}{2} < \frac{2}{3} < \frac{3}{4} < \frac{5}{6} < \frac{7}{8} < 1$

Aufgabe 2: **a)** $\frac{1}{4} < \frac{1}{3} < \frac{1}{2} < \frac{2}{3} < \frac{3}{4} < \frac{5}{6} < \frac{6}{6}$; **b)** $\frac{1}{5} < \frac{3}{9} < \frac{3}{5} < \frac{2}{3} < 1 < \frac{6}{5}$

6

Aufgabe 1: **a)** $\frac{2}{4}$; **b)** $\frac{1}{4}$; **c)** $\frac{1}{3}$; **d)** $\frac{3}{4}$; **e)** $\frac{6}{8}$; **f)** $\frac{5}{10}$; **g)** $\frac{2}{3}$; **h)** 0; **i)** $\frac{4}{7}$

Aufgabe 2: Mögliche Lösungen:
1. $\frac{1}{5} + \frac{1}{5} + \frac{1}{5} + \frac{1}{5} + \frac{1}{5} = 1$ 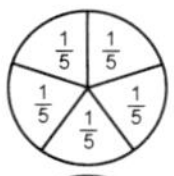
2. $\frac{1}{4} + \frac{1}{4} + \frac{1}{4} + \frac{1}{4} = 1$

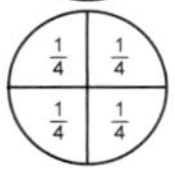

Aufgabe 3: Mögliche Lösungen:
$\frac{1}{3} + \frac{1}{6} = \frac{1}{2}$

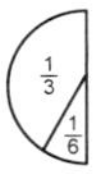

7

Aufgabe 1: **b)** $\frac{8}{3} = 2\frac{2}{3}$; **c)** $\frac{17}{4} = 4\frac{1}{4}$; **d)** $\frac{23}{6} = 3\frac{5}{6}$; **e)** $\frac{27}{5} = 5\frac{2}{5}$

Aufgabe 2: **a)** $2\frac{3}{4}$; **b)** $1\frac{1}{3}$; **c)** $3\frac{2}{6}$

15 Die Lösungen

8

Aufgabe 1:

a) Das ist immer die Hälfte des Kreises. Unterschiedliche Brüche können also den gleichen Wert haben.

b) Die Zahl über dem Bruchstrich (Zähler) und die Zahl unter dem Bruchstrich (Nenner) wurden jedes Mal mit 2 multipliziert.

Aufgabe 2:

a) Das ist immer ein Drittel des Kreises. Unterschiedliche Brüche können also den gleichen Wert haben.

b) Die Zahl über dem Bruchstrich (Zähler) und die Zahl unter dem Bruchstrich (Nenner) wurden mit 3 multipliziert.

Aufgabe 3: **a)** $\frac{4}{6}$; **b)** $\frac{6}{8}$; **c)** $\frac{3}{9}$; **d)** $\frac{4}{8}$; **e)** $\frac{18}{60}$; **f)** $\frac{10}{30}$

Aufgabe 4: **a)** mit 3; **b)** mit 2; **c)** mit 6; **d)** mit 10

Aufgabe 5: **a)** $\frac{63}{28}$; **b)** $\frac{49}{84}$; **c)** $\frac{42}{35}$; **d)** $\frac{49}{56}$; **e)** $\frac{28}{91}$

Aufgabe 6: **a)** $\frac{45}{27}$; **b)** $\frac{9}{54}$; **c)** $\frac{108}{117}$; **d)** $\frac{81}{72}$; **e)** $\frac{9}{36}$

Aufgabe 7: **a)** $\frac{4}{9} = \frac{\mathbf{36}}{81}$; **b)** $\frac{\mathbf{2}}{8} = \frac{16}{64}$; **c)** $\frac{\mathbf{3}}{20} = \frac{9}{60}$; **d)** $\frac{12}{5} = \frac{\mathbf{72}}{30}$; **e)** $\frac{15}{8} = \frac{30}{\mathbf{16}}$; **f)** $\frac{\mathbf{5}}{11} = \frac{30}{66}$; **g)** $\frac{\mathbf{6}}{9} = \frac{60}{90}$;

h) $\frac{3}{\mathbf{8}} = \frac{12}{32}$; **i)** $\frac{7}{12} = \frac{\mathbf{21}}{36}$; **j)** $\frac{\mathbf{7}}{8} = \frac{49}{56}$; **k)** $\frac{5}{4} = \frac{\mathbf{10}}{8}$; **l)** $\frac{3}{5} = \frac{12}{\mathbf{20}}$; **m)** $\frac{6}{7} = \frac{\mathbf{12}}{14}$; **n)** $\frac{2}{5} = \frac{10}{\mathbf{25}}$; **o)** $\frac{1}{3} = \frac{6}{\mathbf{18}}$

9

Aufgabe 1:

a) Das ist immer die gleiche Fläche. Unterschiedliche Brüche können also den gleichen Wert haben.

b) Die Zahl über dem Bruchstrich (Zähler) und die Zahl unter dem Bruchstrich (Nenner) wurden jedes Mal durch 2 dividiert.

Aufgabe 2:

a) Das ist immer die Hälfte des Kreises. Unterschiedliche Brüche können also den gleichen Wert haben.

b) Die Zahl über dem Bruchstrich (Zähler) und die Zahl unter dem Bruchstrich (Nenner) wurden durch 3 dividiert.

Aufgabe 3: **a)** $\frac{1}{2}$; **b)** $\frac{1}{3}$; **c)** $\frac{1}{4}$; **d)** $\frac{1}{2}$; **e)** $\frac{1}{3}$; **f)** $\frac{4}{7}$

Aufgabe 4: **a)** mit 4; **b)** mit 3; **c)** mit 4; **d)** mit 9

Aufgabe 5: **a)** $\frac{28}{42} = \frac{2}{3}$; **b)** $\frac{60}{80} = \frac{3}{4}$; **c)** $\frac{15}{35} = \frac{3}{7}$; **d)** $\frac{75}{125} = \frac{3}{5}$

10

Aufgabe 1: **a)** $\frac{4 \cdot 1}{\mathbf{5 \cdot 2}} = \frac{4}{10}$; **b)** $\frac{\mathbf{2 \cdot 8}}{3 \cdot 5} = \frac{16}{15}$; **c)** $\frac{\mathbf{1 \cdot 1}}{\mathbf{3 \cdot 2}} = \frac{1}{6}$

Aufgabe 2: **a)** $\frac{2}{6} = \frac{1}{3}$; **b)** $\frac{8}{18} = \frac{4}{9}$; **c)** $\frac{5}{6}$; **d)** $\frac{16}{24} = \frac{2}{3}$; **e)** $\frac{28}{18} = \frac{14}{9}$; **f)** $\frac{24}{50} = \frac{12}{25}$

Aufgabe 3: **a)** $\frac{7}{10}$; **b)** $\frac{4}{10}$; **c)** $\frac{14}{27}$; **d)** $\frac{3}{9}$; **e)** $\frac{2}{3}$; **f)** $\frac{2}{5}$; **g)** $\frac{55}{56}$; **h)** $\frac{3}{8}$

11

Aufgabe 1: **a)** $\frac{1}{7} \cdot 3 = \frac{1}{7} \cdot \frac{3}{1} = \frac{3}{7}$, kürzen nicht möglich; **b)** $\frac{1}{6} \cdot 9 = \frac{1}{6} \cdot \frac{9}{1} = \frac{9}{6} = \frac{3}{2}$

c) $\frac{1}{8} \cdot 2 = \frac{1}{8} \cdot \frac{2}{1} = \frac{2}{8} = \frac{1}{4}$; **d)** $\frac{1}{4} \cdot 2 = \frac{1}{4} \cdot \frac{2}{1} = \frac{2}{4}$

Aufgabe 2: **a)** $\frac{11}{2}$; **b)** $\frac{24}{5}$; **c)** 10; **d)** $\frac{9}{4}$; **e)** 15; **f)** $\frac{4}{3}$; **g)** $\frac{49}{10}$; **h)** 2

Aufgabe 3:

a) 35; Bruchoperator: $\frac{7}{5}$ **b)** 54; Bruchoperator: $\frac{9}{7}$ **c)** 99; Bruchoperator: $\frac{9}{6}$

d) 70; Bruchoperator: $\frac{5}{10}$ **e)** 64; Bruchoperator: $\frac{8}{9}$ **f)** 270; Bruchoperator: $\frac{10}{3}$

g) 75; Bruchoperator: $\frac{5}{3}$ **h)** 120; Bruchoperator: $\frac{3}{6}$ **i)** 210; Bruchoperator: $\frac{7}{3}$

---

15 Die Lösungen

12 **Aufgabe 1:**

a) $\frac{2}{3} \cdot \frac{4}{3} = \frac{2 \cdot 4}{3 \cdot 3} = \frac{8}{9}$; **b)** $\frac{4}{3} \cdot \frac{4}{7} = \frac{4 \cdot 4}{3 \cdot 7} = \frac{16}{21}$; **c)** $\frac{2}{7} \cdot \frac{12}{8} = \frac{2 \cdot 12}{7 \cdot 8} = \frac{24}{56} = \frac{3}{7}$;

d) $\frac{2}{6} \cdot \frac{9}{6} = \frac{2 \cdot 9}{6 \cdot 6} = \frac{18}{36} = \frac{1}{2}$; **e)** $\frac{2}{3} \cdot \frac{6}{7} = \frac{2 \cdot 6}{3 \cdot 7} = \frac{12}{21} = \frac{4}{7}$; **f)** $\frac{4}{7} \cdot \frac{7}{6} = \frac{4 \cdot 7}{7 \cdot 6} = \frac{28}{42} = \frac{4}{6}$;

g) $\frac{2}{3} \cdot \frac{4}{2} = \frac{2 \cdot 4}{3 \cdot 2} = \frac{8}{6} = \frac{4}{3}$; **h)** $\frac{5}{4} \cdot \frac{8}{15} = \frac{5 \cdot 8}{4 \cdot 15} = \frac{40}{60} = \frac{2}{3}$; **i)** $\frac{9}{7} \cdot \frac{10}{3} = \frac{9 \cdot 10}{7 \cdot 3} = \frac{90}{21} = \frac{30}{7}$;

j) $\frac{3}{5} \cdot \frac{5}{10} = \frac{3 \cdot 5}{5 \cdot 10} = \frac{15}{50} = \frac{3}{10}$

KOHL VERLAG Lernen mit Erfolg
Brüche entdecken - Bestell-Nr. 15036

Deutsch & Sprache

Autorenteam Kohl-Verlag

Krimigeschichten

Lesemotivation steigern durch „spannende Fälle"

Kinder lieben spannende, mysteriöse und auch lustige Geschichten zu lesen und diese in Gedanken selber mitlösen zu können. Ihre Fantasie wird angeregt und die Lesefähigkeit gestärkt. Ein Erfolgserlebnis stellt sich ein, da der Fall auf jeden Fall gelöst wird.

3 4 5 6

FARBIG | 56 Seiten | 15 080 | ab 19,99 €

Autorenteam Kohl-Verlag

Fantasiefiguren

Sieben mystische Wesen stellen sich vor

Wer erinnert sich nicht an „seine" Fantasiefiguren, die nur in seinem Kopf lebten. Wie wohltuend war es oft, mit ihnen sprechen, lachen, weinen und auch einfach schweigen zu können. Gerade in der heutigen Zeit brauchen Kinder einen „Rückzugs-Ort", an dem sie ganz sie selbst sein können und alles möglich ist.

3 4 5 6 7

FARBIG | 40 Seiten | 15 081 | ab 17,49 €

Gary M. Forester

Märchen- & Fabelstunde

Märchenstunde: *12 bekannte Märchen werden mit Bildern und Texten in zwei Sternen dargestellt. Durch Anlegen der Bilder ergibt sich der Text.*

Fabelstunde: *Mit Bildern und Texten werden 12 bekannte Fabeln in zwei Sternen gelegt. Neben Fabeln von James Thurber, Gotthold Ephraim Lessing u.a. werden 6 Fabeln von Aesop wie z.B. „Die zwei Frösche im Milchtopf" kennengelernt.*

1 2 3 4 5 6 7

FARBIG	Märchenstunde	15 011	je 40 Seiten
	Fabelstunde	15 018	ab 17,49 €

Gary M. Forester

Teekesselchen

Wörter mit mehreren Bedeutungen

Die deutsche Sprache bietet Begriffe mit mehreren Bedeutungen, was zu kuriosen Situationen führen kann. Im Mittelpunkt steht das Kennenlernen der wichtigsten Ausdrücke von ...

1. *Begriffen mit gleicher Schreibweise aber mehrfacher Bedeutung (Homographie) sowie ...*
2. *gleichklingenden Begriffen mit unterschiedlicher Schreibweise (Homophonie).*

2 3 4 5 6

FARBIG | 48 Seiten | 15 023 | ab 17,49 €

Mathematik

P. Smith & B. Owen

Einfache geometrische Übungen

Flächen und Körper

Geometrisches Vorstellungsvermögen wird mit Mustern und Formen auf mathematische Flächen und Körper übertragen, aus unterschiedlichen Perspektiven betrachtet und beschrieben. Schritt für Schritt entstehen geometrische Flächen und Körper durch eigenes Tun.

2 3 4 5 6

FARBIG | 48 Seiten | 15 013 | ab 17,49 €

Gary M. Forester

Größen entdecken

Wie viel? Wie schwer? Wie lang?

Puzzle, Domino, Memory, Zuordnungen von Bild und Bild/Bild und Text/Text und Text sind nur einige der Materialien, mit denen die Größenbereiche Längen, Gewichte und Rauminhalte erfahrbar gemacht werden können. Das Umrechnen in größere/kleinere Einheiten ist nur einer der zahlreichen Bereiche im Umgang mit Größen, die durch dieses spielerische Material näher gebracht werden können. So schaffen Sie den Transfer von Zahlen zum Alltag. Realitätsbezug garantiert.

FÖ

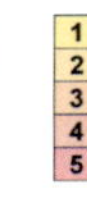

1 2 3 4 5

FARBIG | 40 Seiten | 15 004 | ab 13,49 €

Gary M. Forester

Die Wortarten

Übersichtlich • anschaulich • verständlich

Die Wortarten als Legematerial – die Sternlegeform ergibt eine anschauliche Übersicht. Erklärt werden die wesentlichen Merkmale, die sowohl durch einzelne Beispiele als auch durch jeweils ein Beispiel im Satzzusammenhang veranschaulicht werden. Dabei werden die Schüler dazu angeregt, eigene Beispiele zu finden bzw. die Wortart innerhalb eines Satzes zu erkennen.

2 3 4 5 6

FARBIG | 24 Seiten | 15 035 | ab 14,49 €

Gary M. Forester

Die Zeiten ... kurz & knapp

Alle Zeitformen im Überblick anschaulich und verständlich in Sternform gelegt. Die Vorderseite erklärt das Aktiv, die Rückseite das Passiv in allen Zeitformen. So ist diese Form der Grammatik für viele Klassenstufen einsetzbar. Je nach aktuellem Wissensstand wird Aktiv oder Passiv gelegt, geübt und verstanden. Die deutsche Grammatik zu verstehen dient auch als Grundlage für das Verstehen der Fremdsprachengrammatik. Eine zusätzliche Übersichtskarte dient als schnelle Hilfestellung.

3 4 5 6 7

FARBIG | 24 Seiten | 15 024 | ab 14,49 €

Gary M. Forester

Die Fälle ... kurz & knapp!

Ein mehrteiliges Legematerial rund um das Thema „Die Fälle". Die Kärtchen müssen passend am Mittelstück angelegt werden, sodass ein mehrstrahliger Stern entsteht. Aufgegriffen werden die Themen: „Wie fragt man im jeweiligen Fall" oder „Wie werden Wörter in den vier Fällen gebeugt?". Außerdem werden die Schüler dazu angeregt, selbst Fälle zu erkennen. Das Material eignet sich sowohl für die Freiarbeit als auch für die Arbeit im Klassenverband.

3 4 5 6 7

FARBIG | 24 Seiten | 15 046 | ab 14,49 €

Gary M. Forester

Die Satzglieder ... kurz & knapp!

*Tolles Legematerial rund um die Satzglieder, bei dem die Schüler*innen durch Zuordnen von Legekärtchen Antworten auf Fragen wie „Wie fragt man nach den einzelnen Satzgliedern?" oder „Welche Besonderheiten hat das jeweilige Satzglied?" finden. Der Band beinhaltet mehrteiliges Legematerial rund um das Thema „Die Satzglieder". Werden die Kärtchen passend am Mittelstück angelegt, entsteht ein mehrgliedriger Stern, welcher als Kontrolle und Bestätigung der richtigen Lösungen dient.*

3 4 5 6 7

FARBIG | 24 Seiten | 15 069 | ab 14,99 €

P. Smith & B. Owen

Zahlen begreifen

Zahlenraum bis 100

Beim Umgang mit Zahlen und Zahlenräumen entwickeln Kinder ein System in ihrer Vorstellung, welches ihnen beim Verarbeiten und Einordnen hilft. Insbesondere Kindern, denen dies nicht so leicht gelingt, ist der handelnde und vielseitige Umgang mit Zahlenmaterial eine große Hilfe. Dieser Band erschließt den Zahlenraum bis 100 ausgehend vom Einer zum Zehner und ermöglicht den Aufbau einer Zahlenraumstruktur, die für alle Rechenoperationen die Grundlage bildet.

1 2 3 4

FARBIG | 56 Seiten | 15 025 | ab 18,99 €

P. Smith & B. Owen

Brüche entdecken

Erkennen, umwandeln & berechnen

Eine der großen Schwierigkeiten beim Erlernen des Bruchrechnens liegt im Entwickeln einer Vorstellung, was der Bruchteil eines Ganzen ist und wie man mit solchen Größen rechnerisch umgeht. Wie hängen Brüche und Prozentangaben zusammen und was hat die Dezimalschreibweise damit zu tun? Wie lassen sich die Grundrechenarten mit Brüchen durchführen? Hier ist spielerisches Übungsmaterial, mit dem schnell Sicherheit im Umgang mit Brüchen erlernt werden kann.

1 2 3 4 5

FARBIG | 40 Seiten | 15 036 | ab 17,49 € | FÖ

P. Smith & B. Owen

Zeitzonen unserer Erde

Lege- & Lernmaterial

Ein mehrteiliges Legematerial rund um das Thema „Zeitzonen": „Was sind Zeitzonen?", „Warum gibt es Zeitzonen?", usw. Die Kärtchen müssen passend an das Mittelstück angelegt werden, sodass ein mehrstrahliger Stern entsteht. Dem Heft liegt eine Weltkarte mit den Zeitzonen bei. Das Material kann sowohl in der Freiarbeit als auch in der Arbeit im Klassenverband eingesetzt werden.

Mit einem farbigen DIN-A3-Poster!

3 4 5 6 7

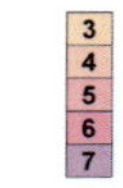

FARBIG | 32 Seiten | 15 047 | ab 17,49 €